Pradeep Paraman
Wang Yubo

Estratégia de marketing para smartphones da Huawei: Navegando pelo bloqueio dos EUA

Pradeep Paraman
Wang Yubo

Estratégia de marketing para smartphones da Huawei: Navegando pelo bloqueio dos EUA

Adaptar-se aos desafios e tirar partido das oportunidades num mercado restrito"

ScienciaScripts

Imprint

Cover image: www.ingimage.com

This book is a translation from the original published under ISBN 978-620-8-22516-2.

Publisher:
Sciencia Scripts
is a trademark of
Dodo Books Indian Ocean Ltd. and OmniScriptum S.R.L publishing group

120 High Road, East Finchley, London, N2 9ED, United Kingdom
Str. Armeneasca 28/1, office 1, Chisinau MD-2012, Republic of Moldova, Europe
Printed at: see last page
ISBN: 978-620-8-31219-0

Resumo

2021 "China Government Work Report" tem enfatizado repetidamente a economia digital, com base no marketing digital baseado em big data, a inteligência artificial tem recebido cada vez mais pessoas. O desenvolvimento atual da era da Internet, a inteligência artificial está cada vez mais envolvida no trabalho e na vida das pessoas, e os smartphones são utilizados como um meio para penetrar na vida quotidiana e nos locais de trabalho das pessoas. Atualmente, as marcas de smartphones no mercado incluem a Apple, a Samsung, a Huawei, a Xiaomi, a OPPO, a VIVO, etc., e os mercados interno e externo são uma concorrência feroz, e os produtos são mais fortes. Com a popularidade das redes 5G, a nova indústria dos telemóveis incitou a indústria dos smartphones a dar início a uma nova ronda de concorrência. A política de restrição dos EUA à Huawei afecta diretamente o fornecimento do chip Kirin para smartphones da Huawei. Este artigo seleciona a Huawei como objeto de investigação, porque a Huawei é uma empresa que integra o negócio das comunicações e o negócio dos smartphones, é típica e representativa da atual estratégia de marketing dos smartphones. A investigação sobre a estratégia de marketing da Huawei, a aprendizagem e a aplicação da estratégia de marketing, o papel teórico, o significado prático, fornece referência à empresa Huawei e à cadeia da indústria dos smartphones, está empenhada no desenvolvimento a longo prazo da saúde das marcas nacionais de telemóveis e das indústrias de telemóveis inteligentes e, finalmente, estende-se ao desenvolvimento da economia nacional.

O objetivo deste estudo é identificar e analisar a escassez de oferta de smartphones topo de gama das empresas Huawei face às restrições impostas pelos EUA aos chips topo de gama da Huawei, como melhorar o produto, o preço, o canal e a promoção, otimizar a estratégia de marketing, resolver a contradição causada pela escassez de oferta e ajudar a empresa Huawei a desenvolver melhor o seu negócio de smartphones.

Palavras-chave: Estratégia de marketing; Empresa Huawei; Smartphone; Lista de entidades.

Índice

Resumo 1

Reconhecimento 3

CAPÍTULO 1: Introdução e contexto do estudo 4

Capítulo 2: Revisão da literatura 11

Capítulo 3: MÉTODOS DE INVESTIGAÇÃO 23

Capítulo 4: Apresentação dos resultados da investigação 31

Capítulo 5: Discussão dos resultados 58

Capítulo 6: Conclusões e recomendações 65

Capítulo 7: Reflexões sobre o desenvolvimento da sua competência pessoal 72

Referências 75

Apêndice 82

Agradecimentos

Esta investigação e dissertação foram realizadas sob os cuidados e a orientação do meu supervisor, Dr. Pradeep. A sua atitude científica séria, o seu espírito académico rigoroso e o seu excelente estilo de trabalho inspiraram-me e inspiraram-me profundamente. O Dr. Pradeep não só me deu uma orientação cuidadosa nos meus estudos, mas também um cuidado meticuloso na minha mente e na minha vida. Gostaria de lhe agradecer sinceramente e de lhe manifestar o meu grande respeito. Gostaria também de agradecer a todos os alunos que passaram o projeto de licenciatura alegremente juntos. Foi graças à vossa ajuda e apoio que consegui ultrapassar cada dificuldade e dúvida até à conclusão bem sucedida deste artigo. Ao mesmo tempo, gostaria também de agradecer aos meus professores profissionais, que me ajudaram imenso. Por último, gostaria também de agradecer aos meus pais, que me educaram com tanto afinco e cujo apoio me deu a motivação para seguir em frente.

CAPÍTULO 1: Introdução e contexto do estudo

1.1: Antecedentes do projeto

1.1.1: O rápido desenvolvimento do sector das telecomunicações em China

De acordo com o Boletim Estatístico da Indústria de Comunicações da China de 2021 do Ministério da Indústria e Tecnologia da Informação da República Popular da China, a receita total do negócio de telecomunicações em 2021 completará 1,47 triliões de yuans, um aumento de 8,0% em relação ao ano anterior. O negócio da Internet registou uma receita de 260,1 mil milhões de yuans, um aumento de 9,3% em relação ao ano anterior. O desenvolvimento de negócios emergentes, como computação em nuvem e big data, acelerou, a receita de negócios relacionados será de 222,5 bilhões de yuans, um aumento de 27,8% em relação ao ano anterior. Em 2021, haverá um aumento líquido de 47,55 milhões de utilizadores de telemóveis em todo o país, elevando o total para 1,824 mil milhões, dos quais 1,069 mil milhões são utilizadores de telemóveis 4G e 355 milhões são utilizadores de telemóveis 5G. Com o aumento contínuo do investimento dos operadores de telecomunicações, a indústria de fabrico de equipamento de comunicação desenvolveu-se rapidamente nos últimos anos. Os fabricantes chineses de equipamentos de comunicação, como a Huawei e a ZTE, alcançaram competitividade internacional e os seus produtos abrangem a maioria dos países e regiões do mundo. Especialmente nos países e regiões mais atrasados, negligenciados pelos fabricantes ocidentais de equipamento de telecomunicações, os produtos e serviços dos fabricantes chineses de equipamento de telecomunicações deram importantes contributos para a melhoria das infra-estruturas de comunicação locais. Ao mesmo tempo que contribuem para o desenvolvimento económico local, demonstram também a responsabilidade social internacional das empresas chinesas.

1.1.2: Bloqueio tecnológico liderado pelos EUA e regulamentos de controlo das exportações dos EUA

A Lista de Entidades é um regulamento de controlo das exportações estabelecido pelos Estados Unidos para salvaguardar os seus interesses de segurança nacional. Os exportadores americanos estão proibidos de ajudar as empresas que constam destas listas a obter quaisquer artigos sujeitos a este regulamento sem obterem uma licença. Em termos simples, a "lista de entidades" é uma "lista negra" e, uma vez inscrita nesta lista, priva efetivamente as empresas relacionadas de oportunidades comerciais nos Estados Unidos. Desde 2018, os Estados Unidos começaram a conter de forma abrangente a indústria tecnológica da China, suprimindo as empresas tecnológicas chinesas lideradas pela ZTE e pela Huawei através de bloqueios e embargos tecnológicos. O governo dos EUA incluiu 92 empresas, como a Huawei, a Hikvision e a iFLYTEK, e 13 faculdades e universidades na "lista de entidades" (Anexo 1), proibindo as empresas relacionadas de utilizarem software industrial como EDA, Matlab e CAD, e restringindo a entrada de alguns estudantes chineses.

Como principal fornecedor mundial de 5G, a Huawei foi a primeira a sofrer uma série de bloqueios e sanções por parte dos Estados Unidos. O governo dos EUA emitiu uma proibição 915 em 2020, exigindo que todas as empresas em todo o mundo que usam tecnologia e equipamentos dos EUA não tenham qualquer comércio com a Huawei sem a permissão dos EUA. Os países europeus têm uma atitude diferente. A Comissão Europeia publicou o "Relatório de Avaliação de Riscos do Sistema 5G" e considera que a segurança das redes 5G tem de ser considerada um fator muito crítico. No entanto, não expressou quaisquer opiniões negativas contra as empresas chinesas de equipamento 5G. Em 29 de janeiro de 2020, a Comissão Europeia aprovou e anunciou oficialmente a caixa de ferramentas conjunta (caixa de ferramentas) r319 para mitigar os riscos 5G. A Comissão Europeia defende uma visão diferente dos Estados Unidos sobre a segurança da rede e não recomenda proibir nenhuma empresa de participar na construção de redes 5G. Mas, ao mesmo tempo, também apresenta requisitos para melhorar as condições de construção das redes 5G. Os seus Estados-Membros têm o poder de decidir sobre as condições de participação na construção da rede 5G, o que aumenta ainda mais a incerteza das empresas chinesas de equipamento de telecomunicações que participam na tecnologia de rede 5G dos países da UE. Entre eles, a França declarou que não se envolveria numa competição geopolítica com base na garantia dos seus próprios interesses. O Reino Unido, influenciado pelos Estados Unidos, tomou uma decisão restritiva em janeiro de 2020 no sentido de apenas autorizar a Huawei a participar parcialmente na construção da rede 5G no Reino Unido, o que suscitou grande preocupação na comunidade internacional.

Sem dúvida que a produção, o funcionamento e as vendas de produtos na atividade global da Huawei foram seriamente afectados pelo controlo tecnológico dos EUA. Devido à incapacidade de adquirir chips, a capacidade de produção de telemóveis da Huawei é seriamente insuficiente. Em 2020, a quota de mercado global de smartphones da Huawei diminuiu 24. 1% em termos anuais, dos quais o quarto trimestre diminuiu 41. 1% em comparação com 2019. A perda da Huawei no mercado internacional levará a uma remodelação das marcas de smartphones. Perante a grave situação, a forma como o negócio de smartphones da Huawei irá ajustar a sua disposição estratégica e estratégia de marketing está relacionada com a sobrevivência da Huawei. O ano de 2021 vai dar início a uma explosão de smartphones 5G, e as restrições nos Estados Unidos levaram a Huawei a reimplantar o mercado de smartphones e os segmentos de negócios de consumo, e a ajustar as estratégias de marketing existentes em torno de estratégias de desenvolvimento empresarial para aumentar a quota de mercado.

1.2: Declaração do problema

O sistema de "lista de entidades" é uma supressão abrangente da Huawei através de restrições de mercado, bloqueios tecnológicos, perturbação da cadeia industrial e difamação da reputação, o que representou um duro golpe para a empresa (Peng Z, 2022). O conflito crescente entre os Estados Unidos e a China pôs em risco as suas relações económicas e diplomáticas. Em primeiro lugar, como "cérebro" do telemóvel, o chip é crucial. Embora a Huawei possa conceber chips para telemóveis topo de gama, está limitada pela proibição nos Estados Unidos e não consegue encontrar uma fundição para a produção. Os actuais chips topo de gama da Huawei não podem apoiar o desenvolvimento contínuo do negócio de telemóveis topo de gama da Huawei. A TSMC, a Intel, a Qualcomm, a MediaTek e outras empresas de circuitos integrados anunciaram que cumprirão a proibição dos EUA o mais rapidamente possível e que cessarão toda a cooperação com a Huawei antes de 15 de setembro de 2019. Até mesmo a empresa chinesa de chips SMIC disse que cumprirá absolutamente a proibição dos EUA contra a Huawei. No entanto, as empresas também afirmaram ter apresentado aos Estados Unidos pedidos de uma licença temporária para continuar a fornecer a Huawei (BBC News, 2020). Ao mesmo tempo, o aumento dos custos de fabrico obrigou a Huawei a aumentar o seu preço de venda. Do ponto de vista do custo para o cliente, o aumento do preço dos produtos de telefonia móvel da Huawei faz com que o preço do produto se desvie do poder de compra real do grupo de clientes-alvo, o que levará inevitavelmente a que o produto seja negligenciado no mercado. O forte aumento dos preços enfraqueceu diretamente a competitividade da Huawei e afectou também a reputação da marca Huawei (Kirton D, 2020). Ao mesmo tempo, a disposição dos canais dos telemóveis da Huawei é imperfeita. A plataforma de marketing offline da Huawei só existe em grandes cidades com grandes populações. Para as cidades pequenas, há menos layouts, e há uma clara lacuna em relação a marcas como OPPO e MI. Ao mesmo tempo, os esforços de promoção da Huawei são insuficientes. Devido à falta de estrutura salarial e de formação, o desempenho do pessoal de vendas de base da Huawei é obviamente inferior ao de outras marcas, sendo difícil implementar eficazmente a estratégia de promoção da marca.

1.3: Questões de investigação

A atividade de telefonia móvel da Huawei depara-se atualmente com os seguintes problemas:

- Como é que o telemóvel da Huawei ajusta a sua estratégia de marketing para fazer face ao declínio da quota de mercado?
- Como melhorar a criatividade empresarial e a coesão dos trabalhadores num contexto de confinamento tecnológico?
- Que avisos pode a estratégia da Huawei para lidar com o bloqueio tecnológico dos EUA fornecer para o desenvolvimento internacional de outras empresas?

1.4: Objectivos da investigação

O principal objetivo deste estudo é comparar e resumir as informações e os dados relevantes da indústria dos smartphones e das empresas, aprendendo as teorias relevantes da gestão empresarial, analisar a indústria dos smartphones e o ambiente e as estratégias de marketing da Huawei, apresentar os problemas encontrados na estratégia e analisar as causas dos problemas, uma a uma. As medidas específicas são as seguintes:

- Através da aplicação do marketing e da teoria STP, bem como da teoria 4P, este documento analisa o estado de desenvolvimento e o ambiente de marketing dos smartphones da Huawei.
- Melhorar os produtos, os preços, os canais e as promoções da Huawei e propor medidas para otimizar as estratégias de marketing.
- Através de métodos estatísticos, como entrevistas e questionários, foram detectadas as deficiências da estratégia de marketing dos smartphones da Huawei.
- São apresentadas algumas sugestões acionáveis para a estratégia de desenvolvimento da empresa, a fim de melhorar o lucro operacional do negócio de smartphones da Huawei.
- Constitui uma referência para outras empresas ou indústrias sujeitas à proibição tecnológica dos EUA e está empenhada no desenvolvimento saudável a longo prazo da indústria mundial de smartphones.

1.5: Importância do estudo

O significado da investigação neste artigo é centrar-se no impacto da inclusão pelo Departamento de Comércio dos EUA de 70 empresas relacionadas, como a Huawei, na Lista de Entidades de Controlo das Exportações, com base na segurança nacional. Esta investigação tem por objetivo ajudar a empresa de telemóveis da Huawei a ultrapassar dificuldades sem precedentes e a obter o máximo de rentabilidade possível, bem como estudar em profundidade o ajustamento dinâmico da estratégia empresarial da Huawei no sector dos telemóveis. Espero fornecer algumas referências e referências teóricas para as empresas que possam ser objeto de proibições tecnológicas nos EUA.

1.6: Âmbito do estudo

O âmbito da investigação deste artigo é principalmente o mercado internacional de smartphones sob a influência da "lista de entidades" dos EUA. Envolve o Departamento de Comércio dos EUA, o departamento de telemóveis da Huawei, os utilizadores de telemóveis da Huawei, os revendedores de telemóveis da Huawei e outros grupos com interesses na Huawei.

1.7: Resumo do capítulo

Ao analisar a indústria dos smartphones e o seu estado de desenvolvimento, este documento toma a Huawei como exemplo, analisa o ambiente interno e externo do mercado dos smartphones da Huawei e apresenta várias sugestões viáveis em termos de estratégias de marketing combinadas com a estratégia global da Huawei. Os principais conteúdos de investigação do presente documento são os seguintes:

1. O Capítulo 1 é a introdução, que inclui principalmente os antecedentes da investigação, o objetivo da investigação e o significado da tese.
2. O capítulo 2 analisa a definição do conceito e a base teórica relacionada com o desenvolvimento dos telemóveis inteligentes, consultando principalmente a literatura relevante e utilizando a estratégia de marketing 4P, a teoria STP e a teoria da diferenciação para fornecer a base teórica para a investigação do documento.
3. O capítulo 3 é a análise do estado de desenvolvimento e do ambiente de comercialização dos telemóveis inteligentes. Através de questionários e visitas, conclui-se que o macroambiente da indústria dos telemóveis inteligentes é sombrio. No mercado externo, a Samsung tornar-se-á o principal rival dos telemóveis inteligentes da Huawei. O mercado nacional apresenta uma grande homogeneidade de produtos. A concorrência entre os fabricantes de marcas será mais intensa. A Huawei utiliza os seus próprios recursos e capacidades para ajustar os produtos, os preços, os canais e as estratégias de promoção face à oferta insuficiente de chips e para lançar as bases de medidas de proteção das estratégias de marketing.

4. O capítulo 4 é o resultado obtido através de alguma investigação. Através da análise dos problemas e das causas da comercialização dos smartphones da Huawei, face à situação do fornecimento de chips, propõe-se que a taxa de utilização da linha de produtos para smartphones da Huawei seja baixa, que os preços de mercado sejam caóticos, que a relação entre os fabricantes e distribuidores da Huawei e os clientes se tenha deteriorado e que os problemas dos recursos promocionais, como a baixa utilização, sejam analisados em profundidade, bem como as causas dos problemas.
5. O capítulo 5 é uma análise e uma discussão aprofundadas dos problemas e das causas do

quarto capítulo.

6. O capítulo 6 é a sugestão de otimização da estratégia de marketing dos smartphones da Huawei. Propõe-se segmentar o mercado doméstico de smartphones topo de gama para mulheres, utilizar produtos integrados para melhorar a taxa de utilização das linhas de produtos de telemóveis, melhorar o canal e o sistema de preços de mercado e utilizar "telemóvel + produtos integrados" para expandir os canais. E através da orientação da cultura empresarial, da formação de recursos humanos e da configuração organizacional para promover o crescimento do negócio de smartphones da Huawei sob a tendência paralela a longo prazo de 4G e 5G.
7. O capítulo 7 trata do desenvolvimento das capacidades pessoais. Ao redigir este relatório, adquiri uma valiosa experiência de gestão, que será de grande utilidade para o desenvolvimento da minha futura carreira.

Capítulo 2: Revisão da literatura

2.1: Introdução

A tecnologia da Internet tem avançado rapidamente nos últimos anos, em especial no domínio da Internet móvel. O sector da Internet móvel em crescimento é alimentado por dispositivos móveis e dispositivos convergentes. Com o advento da tecnologia e a melhoria dos computadores e do software, uma nova geração de utilizadores de terminais móveis aumentou as expectativas em relação às normas de rede 4G e 5G, bem como à comodidade de utilização dos telemóveis. A utilização de smartphones explodiu desde o aparecimento do iPhone e do Android em 2007. Com a crescente popularidade dos telemóveis inteligentes, a base de utilizadores da Internet móvel já não pode ser ignorada. Os utilizadores de Internet móvel na China atingirão 1,029 mil milhões em 2021, representando 87,4 por cento da população. Em 2022, prevê-se que o número de utilizadores de Internet móvel se aproxime dos 90%, e a taxa de crescimento não deve ser subestimada.

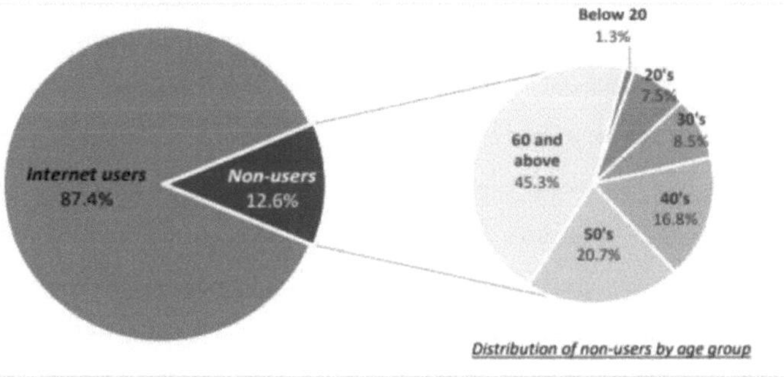

Figura 1: Inquérito aos utilizadores da Internet na China

2.2: Definição do conceito de internacionalização de I&D

Atualmente, muitos académicos em todo o mundo realizaram investigação relevante sobre a internacionalização da I&D e definiram o conceito de internacionalização da I&D.

Para analisar as actividades de inovação das empresas numa perspetiva global, em primeiro lugar, a tecnologia de produção das empresas será aplicada ao mundo, depois as actividades de inovação das empresas serão alargadas ao mundo e, finalmente, várias empresas realizarão conjuntamente actividades de I&D e de inovação à escala global (Archibugi, 1999). A internacionalização da

I&D é definida a partir da perspetiva da afetação global de recursos. A internacionalização da I&D refere-se à afetação racional de matérias-primas de produção, tecnologia, mão de obra e capital a uma escala global (Gassmann O, 1999).

Desde a década de 1990, as empresas chinesas começaram a distribuir as suas instituições de I&D por todo o mundo através de investimentos independentes em mercados estrangeiros e novas fábricas, nomeadamente investimentos de raiz, fusões e aquisições transfronteiriças de empresas estrangeiras e criação de centros de I&D no estrangeiro. Desde a aprendizagem da imitação de tecnologias estrangeiras até à formação gradual das suas próprias tecnologias de I&D e à procura de liderança tecnológica global, as empresas chinesas melhoraram consideravelmente as suas capacidades de inovação em I&D através da internacionalização da I&D (Chen J, 2011).

O ambiente do mercado internacional está permanentemente repleto de variáveis, o que também apresenta novos requisitos para a tecnologia de I&D, e a motivação para a internacionalização da I&D também muda drasticamente. Desde a adaptação à tecnologia avançada e às regras de mercado do mercado ocidental, até o fornecimento de produtos e serviços mais competitivos para subsidiárias no exterior e mercados regionais, a mudança na motivação das empresas multinacionais para desenvolver e internacionalizar faz com que elas se voltem para o mercado global para alocação de recursos e para diferentes O mercado desenvolve as mais recentes tecnologias para manter ou aumentar sua competitividade no mercado global (Athreye S, 2016). Nos últimos anos, os académicos chineses também realizaram gradualmente uma investigação aprofundada sobre a internacionalização da I&D e elaboraram definições cada vez mais abrangentes da internacionalização da I&D. Como as despesas de I&D das empresas multinacionais no mercado global continuam a aumentar, o número de instituições de I&D no estrangeiro está a aumentar e a I&D das empresas multinacionais tende a ser globalizada. Ao conduzir a I&D tecnológica a uma escala global, pode integrar os recursos de I&D e reduzir os riscos de I&D (Shuiqing Z, 2001). As empresas realizam actividades de inovação à escala global e, neste processo, constroem a sua própria rede de conhecimentos técnicos com a ajuda de conhecimentos e informações externos, o que se designa por internacionalização da inovação tecnológica (Jin C, 2003). A internacionalização é um processo de aprendizagem contínua das empresas em todo o mundo, enquanto a internacionalização da I&D pertence à fase de desenvolvimento avançado da internacionalização das empresas. Nesta fase, as empresas continuarão a expandir e a melhorar a sua própria rede de I&D, a construir um sistema completo de conhecimentos de I&D e a realizar I&D. Gestão do sistema e partilha global dos resultados de I&D (Yantai C, 2017).

O objetivo deste capítulo é descobrir a lacuna através da revisão da literatura, de modo a estabelecer uma internacionalização da I&D é uma empresa que visa a I&D inovadora, realizar actividades de I&D em todo o mundo através de novas instituições de I&D no estrangeiro, M&A no estrangeiro ou alianças de cooperação, utilizar plenamente os recursos globais e partilhar os resultados da I&D no mercado global.

2.3: Pesquisa de mercado de smartphones na China

Quando as marcas chinesas de telemóveis seguem a rota da internacionalização, Jujian Chen analisa os casos de internacionalização bem-sucedidos da marca Xiaomi e da marca OPPO no mercado "Belt and Road", analisa o ambiente do mercado-alvo e conduz um posicionamento de mercado razoável 15/92 (Jujian C, 2019). Atualmente, todas as marcas de telemóveis estão a levar a cabo um modelo de vendas de canal duplo de canais online e offline. Estudar a cultura local e escolher a forma adequada de promover o produto, e aumentar a promoção do produto no mercado. Ao mesmo tempo, preste atenção às mudanças no ambiente externo e adopte estratégias de resposta atempada. Xing Yu complementou a formulação da estratégia de marketing internacional da Huawei, salientando que a Huawei encara o negócio de uma perspetiva de investimento e olha para as oportunidades de uma perspetiva estratégica. A janela de oportunidade estratégica é normalmente curta e, para aproveitar as oportunidades estratégicas, a Huawei tem a coragem de vencer, está disposta a investir fortemente e é boa a alcançar o sucesso (Xing Y, 2017).

Em termos de análise dos concorrentes da Huawei, Zhang Hourui (2020) propôs que a XIAO MI deveria segmentar o mercado de acordo com o poder de compra e o género dos consumidores, considerar os grupos jovens como o principal mercado-alvo, posicionar melhor as linhas de produtos, os preços e os consumidores, e desenvolver produtos em termos de produtos e de mercado sénior. Gao Fei (2015) propôs que o marketing de fome da Apple e a fluência do sistema operativo IOS agarram firmemente um certo número de consumidores após o lançamento dos produtos de primeira geração, e estes consumidores são menos propensos a mudar para outros consumidores de marca. Huang Qihua (2019) propôs que as capacidades de I&D e de fabrico da Samsung em cadeias de abastecimento de longo prazo, como ecrãs, chips, bandas de base e memória, aumentaram o poder de negociação da Samsung com os fornecedores. Uma mantém-se estável. Zhong Jie (2018) propôs que a implantação precoce da VIVO em cidades de terceiro e quarto escalões na China permitiu que as vendas de smartphones da VIVO mantivessem um crescimento estável. Wu Sicong (2018) propôs que a OPPO utilizasse as mulheres e os jovens como segmentos de mercado e utilizasse o argumento de venda "carregar durante 5 minutos e falar durante 2 horas" para conseguir um marketing preciso através de um grande número de anúncios em linha e fora de linha para conquistar uma determinada quota de mercado.

Relativamente ao impacto da Internet móvel no desenvolvimento dos telemóveis, Chen Zhuo (2017) propôs um posicionamento inovador dos produtos e modelos de negócio pobres, orientados por retratos de utilizadores, e implementou uma concorrência diferenciada. Yan Wanyu (2018) propôs que, no contexto da economia de rede, os métodos tradicionais de promoção e publicidade devem ser reduzidos, os custos de promoção devem ser reduzidos e os serviços de pré-venda e pós-venda do cliente devem ser aumentados para atender às necessidades do cliente.

Hipótese 1 (H1). A concorrência no mercado chinês dos telemóveis tornou-se mais intensa à medida que a quota de mercado da Huawei diminuiu.

2.4: Estudo do mercado internacional de smartphones

No âmbito do marketing intercultural, ABDRAUSL Unurulu Ali (2020) propõe que se impulsione o desenvolvimento da economia local da Internet, proporcionando um sector de serviços de telecomunicações avançado e estável, e que a conceção dos produtos se baseie nos hábitos de vida e nos métodos de trabalho da população local. Os consumidores são mais propensos a comprar máquinas nas grandes cadeias de lojas locais, pelo que a combinação com as grandes lojas locais pode gerar um crescimento das vendas.

No que diz respeito à fixação de preços das políticas de marketing, Luhanska Zhanna (2020) propôs que não é possível aumentar a quota de mercado simplesmente através de estratégias de preços baixos, mas que se deve ter em conta a relação direta entre o rendimento das empresas e o lucro. Factores como o custo, o nível de rendimento dos consumidores e o poder de compra determinam as estratégias de preços na perspetiva de ultrapassar as vantagens da concorrência.

Em termos das estratégias de marketing adoptadas pelos retalhistas, Shankar (2019) propôs que, devido ao papel cada vez mais proeminente dos canais, produtos, tecnologias e equipamentos móveis, os retalhistas podem melhorar os efeitos de marketing e destacar as suas principais vantagens competitivas. Adotar estratégias de marketing direcionadas para comunicar com os clientes. Em termos de posicionamento e seleção do mercado-alvo, Tolety (2017) acredita que a Xiaomi copiou o modelo de marketing chinês para entrar no mercado indiano e conquistou 29% do mercado de smartphones na Índia com um desempenho de alto custo.

Em termos da interação entre os canais de comercialização e a cadeia de abastecimento, Irina Kozlenkova (2015) expressou a sua opinião sobre os canais de comercialização. Afirmou que o estabelecimento de canais de comercialização, a duração dos canais de comercialização e a relação entre os membros dos canais de comercialização são muito importantes. Em certa medida, terá um impacto na gestão da cadeia de abastecimento e, por sua vez, o êxito ou o fracasso da gestão da cadeia de abastecimento reforçará ou enfraquecerá, em certa medida, a estabilidade dos canais de comercialização.

As revisões de investigação chinesas e internacionais envolvem tomar os consumidores como ponto de partida, analisar as diversas necessidades dos consumidores e posicionar-se com precisão para satisfazer as necessidades dos consumidores. Em termos de estratégia de marketing, o mercado internacional pode aprender com a experiência bem sucedida do mercado nacional, prestar atenção à interação entre os canais de marketing e as cadeias de abastecimento e formular estratégias de marketing combinadas diversificadas para melhorar a satisfação do consumidor e a fidelidade à marca.

Hipótese 2 (H2). No mercado internacional, não podemos aprender totalmente com as estratégias de marketing do mercado nacional e devemos respeitar as leis do mercado local.

2.5: Investigação sobre a estratégia de I&D da Huawei

O ponto de vista do Professor Michael Porter mostra que a estratégia de I&D das empresas é uma escolha estratégica fundamental para as empresas de base tecnológica que estabeleceram objectivos de desenvolvimento a longo prazo e determina se uma empresa pode ter uma vantagem competitiva a longo prazo. Rieck e Dickson salientaram nas suas conclusões que a estratégia de I&D é uma atividade de gestão. A tónica é colocada na gestão centralizada das actividades de investigação e desenvolvimento tecnológico e dos recursos de investigação e desenvolvimento tecnológico de milhares de pares de empresas para corresponder aos objectivos de desenvolvimento estratégico da empresa. Estes pontos de vista indicam que o objetivo da estratégia de I&D das empresas é construir a competitividade tecnológica como a principal competitividade das empresas.

Há muitos anos que o Professor Michael Porter efectua uma investigação aprofundada sobre a teoria da vantagem competitiva. Na década de 1980, publicou livros como "Competitive Strategy", "Competitive Advantage" e "National Competitive Advantage". A sua investigação levou a comunidade académica a prestar atenção ao estudo da estratégia competitiva na gestão empresarial. O Professor Michael Porter propôs pela primeira vez que as empresas devem centrar-se na estrutura industrial dos seus próprios sectores. De acordo com as caraterísticas da estrutura do sector, é necessário fazer a escolha da estratégia de concorrência da empresa. Michael Porter considera que as forças competitivas básicas nos cinco sectores determinam o estado da concorrência e a rentabilidade de um sector. De acordo com este modelo, propôs três estratégias competitivas básicas que as empresas devem considerar para vencer a concorrência no mercado: estratégia de baixo custo, estratégia de diferenciação e estratégia de concentração de objectivos. Em 1984, o académico Birger Wernerfelt publicou a teoria da base de recursos da empresa e salientou que a vantagem dos recursos internos das empresas é mais importante para a concorrência empresarial (Kozlenkova I, 2015).

Na década de 1990, registou-se um aumento da investigação teórica sobre a competitividade central. Os académicos Hamel e Puhara consideram que as empresas devem basear a sua competitividade de base em escolhas estratégicas de concorrência no mercado. A competitividade de base é constituída pelos recursos e capacidades únicos de uma empresa que lhe permitem conquistar uma posição dominante na concorrência de mercado. A competitividade de base é o fator-chave para as empresas obterem vantagens competitivas a longo prazo (Wernerfelt B, 1984). Purateera sublinhou que a gestão empresarial deve centrar-se nos factores internos da empresa. Os factores internos da empresa são a fonte da competitividade central da empresa (Hamel G, 1990). O americano David Teece apresentou a teoria da capacidade dinâmica, desenvolveu a teoria da competitividade central e propôs que a capacidade da empresa é actualizada de forma dinâmica. As empresas não podem manter-se estáticas e solidificar a sua própria competitividade de base. As mudanças nos elementos ambientais externos não podem ser ignoradas. Através de uma análise exaustiva dos factores internos e externos que afectam o desenvolvimento de uma empresa, a empresa pode formular uma estratégia competitiva que melhor se adapte aos seus próprios interesses (Purateera T, 2011).

O Professor Mintzberg considera que a estratégia empresarial tem diferentes conotações em diferentes situações de produção e funcionamento, resumindo-a em cinco definições normativas, e expõe o conceito de estratégia empresarial a partir de cinco perspectivas, envolvendo o planeamento estratégico empresarial, as estratégias estratégicas empresariais e a implementação da estratégia empresarial. As medidas são a estratégia, o modo de funcionamento da empresa, a orientação para o mercado da empresa e o conceito de funcionamento e gestão da empresa. Estes cinco aspectos são os "5 Ps" da estratégia empresarial propostos pelo Professor Mintzberg. Na prática, é necessário associar vários significados para formar uma compreensão sistemática da estratégia como um todo (Kleiner A, 2013).

Hipótese 3 (H3). As estratégias activas de investigação e desenvolvimento das empresas podem manter a competitividade central das empresas.

2.6: Investigação sobre a internacionalização da I&D da Huawei

Chen conduziu uma pesquisa sobre a internacionalização de P&D da Huawei com base na literatura e em pesquisas anteriores e propôs um modelo de três estágios de internacionalização de P&D, ou seja, o desenvolvimento da internacionalização de P&D da Huawei desde o estágio inicial até o estágio maduro está em constante evolução (Management, 2016). A motivação para a internacionalização de P&D da Huawei é Cada estágio também está em constante mudança. Para dividir melhor o momento específico do desenvolvimento, de 1996 a 2000 pode ser considerado como a fase de recuperação tecnológica; de 2001 a 2009, porque a Huawei participa ativamente na concorrência de mercado, para além de adquirir tecnologia, pode ser considerado como a fase de concorrência tecnológica e expansão do mercado, finalmente Desde o seu desenvolvimento em 2010, a Huawei começou gradualmente a criar redes de I&D em todo o mundo, que pertence à fase de liderança tecnológica e estabelecimento de uma rede global de I&D (Chen J, 2011).

O livro "Huawei Innovation" de Zhou Liuzheng analisou as ideias inovadoras da Huawei.

Através de uma investigação aprofundada, concluiu que os valores da Huawei, o espírito empreendedor de Ren Zhengfei e o trabalho árduo do pessoal da Huawei têm um impacto importante na inovação da I&D da Huawei (Yun S, 2021.). Tian Tao e Wu Chunbo, "The next fall will not be Huawei" mencionaram que os principais factores que influenciam a internacionalização da I&D da Huawei são a gestão organizacional da Huawei e as escolhas da estratégia de internacionalização da Huawei. Todos os livros relevantes mostram que a Huawei não é uma empresa que enfatize frequentemente o investimento em I&D e a inovação tecnológica a nível interno. A governação interna da empresa é um fator importante que afecta a internacionalização da I&D da Huawei (LIU Z, 2017).

Xie Wei analisou a disposição das instituições de I&D da Huawei no estrangeiro e comparou-as com a Yili, a Changan Automobile e a Hisense, tendo concluído que existem diferenças na disposição de I&D das empresas em diferentes fases de I&D e que a tecnologia da Huawei é relativamente madura, pelo que o modo de entrada na internacionalização da I&D será selecionado com base nos recursos globais. Na fase inicial da internacionalização da I&D da Huawei, esta baseou-se principalmente em centros de I&D nacionais e tentou gradualmente criar centros de I&D no estrangeiro (TAO T, 2015.). Mais tarde, a tecnologia da Huawei melhorou gradualmente e a escala da empresa continuou a crescer. A Huawei começou a criar instituições e centros de I&D em países com vantagens tecnológicas comparativas. Ou uma empresa de joint-venture, etc. Com a formação gradual das vantagens tecnológicas de liderança da Huawei no sector, o papel da Huawei nas instituições internacionais de I&D mudou gradualmente, de aprendiz para líder, aproveitando as inovações de vários ramos de I&D e integrando-as em produtos para melhorar a qualidade geral de I&D da Huawei (Wang Z, 2018).

Hu Xinyue analisou a forma organizacional da internacionalização de P&D da Huawei por meio de redes sociais e acreditava que o modelo de organização da internacionalização de P&D da Huawei era uma rede estruturada dinâmica e em mudança, de uma rede que ainda não havia se formado para uma estrutura "core-edge" centrada. Fangzhu Zhang analisou as mudanças dos principais fatores de influência em diferentes estágios do desenvolvimento da Huawei, resumindo a localização e o modo de expansão da internacionalização de P&D da Huawei (Hu X, 2018).

Hipótese 4 (H4). A cultura empresarial e os líderes têm um impacto importante na inovação em I&D.

2.7: Aplicação da teoria

Independentemente das ciências naturais ou sociais, as pessoas estão habituadas a dividir o trabalho de investigação em duas categorias: investigação fundamental e investigação aplicada. A investigação aplicada refere-se geralmente aos trabalhos de investigação que podem resolver diretamente problemas específicos da vida e produzir benefícios económicos e sociais. Por exemplo, a investigação no domínio da robótica e da inteligência artificial. A investigação fundamental é o trabalho de investigação que pode fornecer bases teóricas e ferramentas de apoio à investigação aplicada. Por exemplo, a matemática, a estatística e a ciência do cérebro humano, que fornecem apoio teórico à tecnologia da robótica e da inteligência artificial (Utep.edu. n.d.).

2.7.1: Teoria de marketing 4P

A teoria dos 4P do marketing, inicialmente criada por McCarthy, é a combinação de produtos, preços, canais e estratégias de promoção. Inclui o seguinte (Mindtools.com. 2022.):

1. Estratégia de produto: Fornecer produtos ou serviços tangíveis, incluindo qualidade do produto, grau, subcontratação, valor da marca, serviço pré-venda.
2. Estratégia de preços: o produto ou serviço baseia-se no valor e na relação entre a oferta e a procura no mercado.
3. Estratégia de localização: Inclui os canais de vendas e a armazenagem, o transporte e outros aspectos da empresa. Incluindo distribuidores, canais em linha e canais fora de linha, etc.
4. Estratégia de promoção: Métodos de propagação nos meios de comunicação social utilizados para expandir o mercado. Por exemplo, a televisão, a rede, as lojas físicas offline, etc. são promovidas.

2.7.2: Teoria da segmentação, direcionamento e posicionamento (STP)

A teoria STP é a teoria da segmentação do mercado, proposta por US Wendell Smith. Ele divide o mercado em sectores claros e independentes, de acordo com a idade, o sexo, a capacidade de consumo, os hábitos de consumo, os passatempos, as caraterísticas, etc., do grupo de consumo do mercado, seleciona o mercado-alvo e um posicionamento preciso. Melhorar os benefícios económicos no mercado-alvo para melhorar os interesses económicos globais da empresa (Segmentação. 2022.).

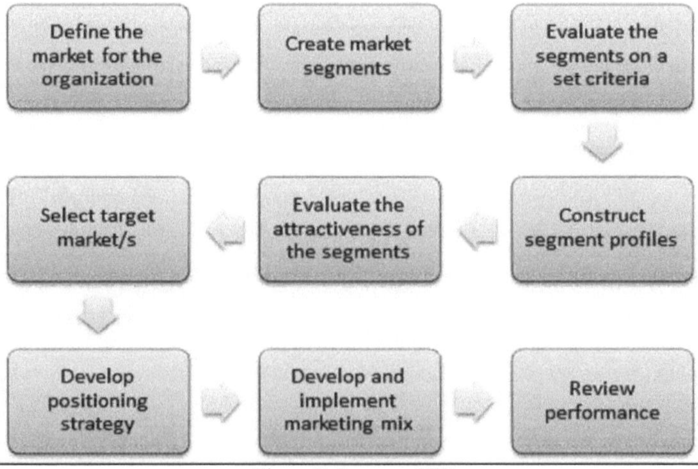

Figura 2: Processo STP

Como mostra a figura acima, existem quatro níveis de mercado-alvo: abrangendo todo o mercado, vários segmentos, um único segmento de mercado e um segmento individual. A escolha do mercado-alvo precisa de desenvolver um plano de implementação com a estratégia de desenvolvimento da empresa e o âmbito do negócio. O posicionamento no mercado é uma ação de marketing que visa estabelecer uma imagem única da organização, da marca e do produto no mercado-alvo do cliente e do consumidor. A chave para o posicionamento no mercado é destacar a vantagem competitiva dos seus próprios produtos e produtos potenciais para aumentar a quota de mercado. A segmentação do mercado e o posicionamento no mercado, que é propício para as empresas alcançarem a diferenciação, o marketing de precisão, satisfazerem as diferentes necessidades dos grupos de consumidores e alcançarem o crescimento das receitas das vendas da empresa (Hanlon, A., 2022).

2.7.3: Teoria da diferenciação

O produto precisa de ser diferenciado antes de poder ser transformado numa marca. Atualmente, muitos produtos estão todos integrados com produtos e serviços. A diferenciação afectará as decisões de compra dos consumidores, transformando a indústria ou as indústrias em barreiras, e a diferenciação afectará o crescimento do lucro das vendas (KOPP C, 2021). A diferenciação do produto refere-se à diferença de propriedades, propriedades, embalagem, desempenho, qualidade e outros aspectos. A diferenciação do serviço refere-se principalmente à conveniência da encomenda, à distribuição da logística, à instalação do produto e à atividade de manutenção pós-venda. A diferenciação do pessoal refere-se às diferenças no desempenho do pessoal em diferentes departamentos e posições no processo de desenvolvimento do produto, fabrico, vendas, distribuição e serviço. Na era da Internet, o aprofundamento das necessidades dos clientes é um dos pontos de entrada para muitas empresas desenvolverem um mercado. As diferenças no pessoal de I&D afectarão também a vantagem competitiva de toda a empresa no mercado. As diferenças na força de vendas afectarão o crescimento da quota de mercado do produto e do canal de vendas (Martin M, 2019).

2.8: Quadro concetual

O quadro concetual é uma representação escrita ou visual da relação esperada entre as variáveis.

As variáveis são apenas as caraterísticas ou propriedades que se pretende estudar. O quadro concetual é normalmente desenvolvido com base na revisão da literatura sobre a investigação existente e a teoria sobre o assunto (Swaen, B, 2021). A Figura 3 ilustra o quadro concetual da investigação, que representa os factores que contribuem para o desenvolvimento de variáveis específicas descritas na literatura.

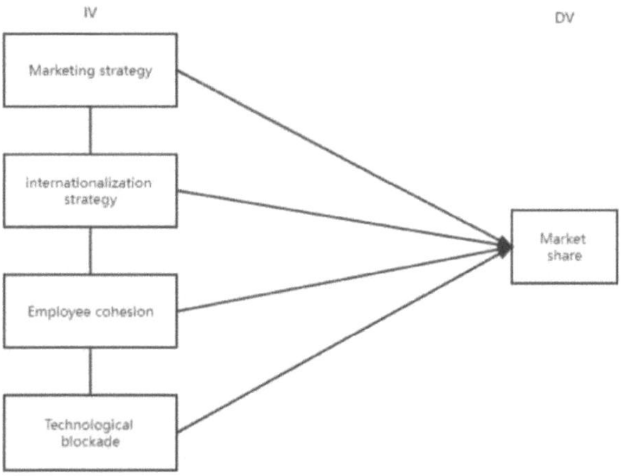

Figura 3: Quadro concetual

2.9: Resumo

Com base na panorâmica teórica acima apresentada, consideramos que o objetivo da estratégia de I&D das empresas é considerar a competitividade tecnológica como a competitividade central das empresas. A competitividade de base de uma empresa provém principalmente dos recursos e capacidades internos da empresa, mas deve ser adaptada ao ambiente externo do sector. A competitividade de base de uma empresa é um desenvolvimento e uma mudança dinâmicos, e uma empresa constrói e desenvolve continuamente a sua competitividade de base em diferentes fases de desenvolvimento. As empresas devem escolher uma estratégia competitiva adequada com base nas suas competências de base e nas caraterísticas do sector. A gestão estratégica é um processo de gestão sistemático em que uma organização toma decisões estratégicas, implementa planos estratégicos e controla o desempenho estratégico de modo a atingir objectivos estratégicos.

Capítulo 3: MÉTODOS DE INVESTIGAÇÃO

3.1: Introdução

Depois de selecionada a questão de investigação e de elaborado o desenho da investigação, coloca-se o problema de como recolher os dados. A recolha de dados é um processo que vai da teoria à prática. De acordo com a fonte dos dados, os dados do inquérito podem ser divididos em dados de questionário, dados de entrevista, dados de observação, dados de documentos e dados de rastreio. Entre os métodos de inquérito mais comuns contam-se:

- Questionário: A utilização de questionários permite poupar tempo, dinheiro e mão de obra. É conveniente para o processamento estatístico e a análise dos resultados. E pode conduzir investigações em grande escala. A desvantagem é que a qualidade dos resultados do inquérito não é muitas vezes garantida (Debois S, 2022).
- Método de observação: A técnica de observação divide-se em duas partes: a observação do comportamento humano subjetivo e a observação de coisas objectivas. As técnicas de observação são amplamente utilizadas e são frequentemente utilizadas em conjunto com técnicas de interrogatório e de recolha física para aumentar a precisão dos dados adquiridos. Tem a vantagem de os inquiridos necessitarem de menos cooperação e a desvantagem é que consome tempo e energia (Topper. 2022).
- Método de entrevista: O método de entrevista pode obter informações mais reais, porque o método de entrevista é a comunicação verbal direta entre o investigador e o entrevistado. Através dos esforços de esclarecimento do investigador, os entrevistados podem relaxar a sua mente, eliminar a sua psicologia de proteção e expressar os seus verdadeiros pensamentos.

Audiências de projectos imprecisas ou incompletas, oportunidades perdidas para resolver problemas e desperdício de tempo e recursos podem resultar de uma má qualidade dos dados. A boa qualidade dos dados fomenta a confiança dos utilizadores e melhora a colaboração regional. Quando o questionário preenchido é distribuído ao público, devem ser considerados vários factores para aumentar a qualidade dos dados obtidos. Os inquéritos devem ser apelativos, e se o inquérito não for apelativo, a qualidade das respostas recebidas será baixa. Por isso, o inquérito deve cumprir os seguintes critérios:- Considerar o objetivo da investigação.

- Marcar as entrevistas com os inquiridos com antecedência e informá-los sobre o âmbito geral da entrevista.
- As questões levantadas são revistas várias vezes e testadas no seio da equipa para garantir a autenticidade da questão.
- As perguntas de conceção têm de ser simples, fáceis de compreender e lógicas.
- Não utilize a linguagem do spam nas mensagens de correio eletrónico.
- Quando enviar questionários por correio eletrónico, tenha cuidado para não utilizar linguagem de spam, para que o correio não seja classificado como spam pela caixa de correio.
- Recomenda-se a utilização das caixas de correio de empresas e escolas para enviar mensagens de correio eletrónico.
- Assinalar claramente as datas de início e de fim do inquérito e a política de privacidade.
- Ofereça alguns incentivos para quem responder com êxito.

A análise do projeto centra-se nas técnicas de marketing dos revendedores de telemóveis da Huawei. Utilizo as abordagens do questionário e da entrevista porque são ambas fáceis e eficazes, e são ambas pouco dispendiosas. Coloco algumas perguntas no questionário do Google e depois distribuo o link do questionário através do WeChat ou do WhatsApp. No contexto da pandemia de COVID-19, esta é a estratégia mais eficaz. Ao eliminar as respostas de má qualidade ao questionário, é possível obter uma análise de inquérito de alta qualidade.

3.2: Método indutivo e método dedutivo

É difícil exagerar a importância dos dados na atual era dos grandes volumes de dados. Os dados devem ser recolhidos, avaliados e recuperados a partir de uma variedade de fontes, a fim de melhorar a eficiência do processo de tomada de decisões e tomar decisões mais precisas em matéria de inovação e empreendedorismo. Todos os dias da nossa vida, tomamos uma série de decisões, umas a seguir às outras. O nosso pensamento lógico está no centro de cada decisão que tomamos. O raciocínio indutivo e o raciocínio dedutivo são dois tipos de raciocínio e procedimentos de investigação que são frequentemente utilizados no dia a dia. Indução: Obtenção de uma regra mais geral a partir de um grande número de exemplos específicos. Esta estratégia avalia principalmente os dados que já foram adquiridos antes de chegar a uma conclusão geral. (Zhang F, 2010). Do geral para o específico, é utilizado o processo dedutivo. A vantagem é que é recursivo a partir da formulação da lei fundamental, a conclusão lógica é fiável e pode representar as caraterísticas dos objectos. A desvantagem é que o âmbito é limitado, tornando impossível explicar corretamente a função da lei fundamental (DeCarlo M, n.d.). O quadro seguinte mostra a sua relação:

Quadro 1: Indutivo vs dedutivo

	Induction method	Deductive method
Definition	Induction is a generic term for inductive reasoning, which is a type of reasoning that goes from the specific to the general. Transition from a narrow range of perspectives on particular items to a broader range of perspectives, and derive general rules and interpretative principles from specific and specific situations.	The deductive method, also known as deductive reasoning, is a form of thinking in which individuals deduce the unknown portion of something from the known component, based on a theoretical understanding that represents objective rules.
Features	The inference of general principles and universal things from knowledge of particular and particular objects is known as induction.	The conclusion is contained in the premise and does not transcend the scope of the premise knowledge, and there is a required relationship between the general knowledge of the deductive method's premise and the particular knowledge of the conclusion.
Advantage	The induction approach has the benefit of being able to synthesize the general rules of historical evolution and provide insight into the universal and common essence	The deductive approach has the following advantages: it is recursive, the logic is rigorous, the result is dependable, and it understands the particularity of things.

	of things.	
Disadvantage	The disadvantage of induction is that it is prone to incomplete induction of laws.	The deductive technique has the problem of having a limited scope of recurrence and so being unable to adequately demonstrate general principles of nature.

3.3: Conceção da entrevista

De um modo geral, a entrevista é uma abordagem de investigação qualitativa que implica fazer perguntas abertas, conversar com os inquiridos e recolher dados obtidos sobre um assunto. Na maioria das circunstâncias, o entrevistador é um especialista na matéria que utiliza um conjunto de perguntas e respostas bem preparadas e executadas para compreender o ponto de vista do entrevistado (QuestionPro, 2022). As entrevistas estruturadas e não estruturadas são dois tipos diferentes de entrevistas. As entrevistas estruturadas são definidas por processos padrão pré-determinados, que geralmente são realizados através do uso de questionários ou questionários. As entrevistas não estruturadas são diálogos não estruturados que não são orientados por quaisquer técnicas estabelecidas. Processo de implementação em geral:

- Criar um esquema para uma entrevista.
- Fazer as perguntas certas.
- Capturar informações com precisão e recolher dados importantes em tempo útil.
- Dar respostas adequadas.
- Efetuar atempadamente gravações áudio ou vídeo das entrevistas.

As entrevistas semi-estruturadas situam-se entre as entrevistas estruturadas e não estruturadas e são mais flexíveis do que as entrevistas estruturadas devido às suas qualidades semi-estruturadas. O investigador receberá tópicos-chave a explorar e um guia de entrevista, bem como a liberdade de fazer perguntas durante a entrevista com base nesses pontos-chave, bem como de discutir questões adicionais.

O esquema da entrevista encontra-se no Apêndice 3

3.4: Conceção do questionário

O grupo-alvo deste estudo são as pessoas que estão familiarizadas com o mercado dos smartphones. Por conseguinte, foram elaboradas duas perguntas de seleção no prefácio do questionário, nomeadamente "Conhece a marca do telemóvel Huawei?" e "Utiliza um smartphone?" Os indivíduos elegíveis podem entrar no processo de relatório de acompanhamento. Caso contrário, podem deixar de responder. Através da triagem das perguntas, visando os objectos de inquérito adequados e obtendo dados válidos. A conceção do inquérito depende do tipo de informação que é necessário recolher dos inquiridos. Os questionários qualitativos são utilizados quando é necessário recolher informações exploratórias para ajudar a provar ou refutar uma hipótese. Os questionários quantitativos são utilizados para validar ou testar hipóteses previamente formuladas. Este questionário segue as seguintes caraterísticas (QuestionPro. 2022):

- Universalizar: Os questionários podem ser utilizados para recolher dados demográficos, opiniões pessoais, factos ou atitudes dos inquiridos, sendo a pergunta apresentada a cada inquirido da mesma forma. A recolha de dados e a análise estatística destes dados são facilitadas por este facto.
- Exploratória: Os dados qualitativos devem ser recolhidos de forma exploratória. As perguntas do questionário não são limitadas de forma alguma. As perguntas abertas incentivam os inquiridos a fornecer mais informações e a descrever os seus procedimentos. A recolha de dados pode ser limitada por uma lista de perguntas bastante definida.
- Sequência de perguntas: Para aumentar o número de respostas, segue normalmente um fluxo organizado de perguntas. Perguntas de seleção, perguntas de aquecimento, perguntas de transição, perguntas de salto, perguntas difíceis e perguntas de categorização estão todas incluídas neste conjunto de perguntas.

O questionário específico encontra-se no Apêndice 4

3.5: Amostra e processo de recolha

Para começar, são colocados itens de seleção à frente do questionário para limitar o número de inquiridos, garantindo a autenticidade dos dados. Em segundo lugar, é feito um pequeno teste de amostragem dos utilizadores de telemóveis Huawei numa região local para realizar uma pré-investigação. Por um lado, a fiabilidade e a validade dos dados recuperados são avaliadas, por outro lado, as opiniões dos inquiridos são recolhidas para ver se conseguem interpretar corretamente o conteúdo do inquérito e, por fim, é criado um questionário formal. Finalmente, para a distribuição, foram integrados os questionários em papel e em linha. Os questionários em papel são sobretudo utilizados para realizar entrevistas individuais com familiares e amigos. O questionário em linha é distribuído principalmente através da Internet, das redes sociais e de outras plataformas em linha. Partilhar a ligação do questionário do Google, convidar pessoas qualificadas a participar no inquérito e convidar aleatoriamente outros utilizadores a preencher o questionário ao mesmo tempo.

3.6: Fiabilidade e validade do teste-piloto

Os princípios de fiabilidade e validade são utilizados para avaliar a qualidade da investigação. Descrevem a precisão com que um método, uma metodologia ou um teste mede algo. A validade diz respeito à precisão do valor da medição, enquanto a fiabilidade diz respeito à consistência da medição (Middleton F, 2022). Ao conceber projectos de investigação, preparar técnicas e documentar resultados, é fundamental pensar na fiabilidade e na validade, especialmente na investigação quantitativa. A fiabilidade do questionário demonstra principalmente a uniformidade, a repetibilidade e a consistência dos resultados do teste. O sistema de avaliação do questionário é representado por uma escala, e a lógica com que foi criado tem impacto na disponibilidade e fiabilidade dos resultados da avaliação. As análises de fiabilidade interna e externa são realizadas como parte do exame da fiabilidade do questionário. A fiabilidade interna visa determinar se um conjunto de itens de avaliação mede a mesma ideia e tem um elevado nível de consistência interna. Quanto mais consistente for um item de avaliação, mais importante ele é e mais credíveis são os seus resultados de avaliação. Quando são realizados vários inquéritos ao mesmo conjunto de inquiridos em várias datas, a fiabilidade externa refere-se à consistência dos resultados da avaliação. Se houver uma boa ligação entre os dois resultados da avaliação, isso sugere que a ideia e a substância do projeto são claras e que os resultados da avaliação são fiáveis. Existem várias técnicas de análise da fiabilidade, tais como a fiabilidade alfa e a fiabilidade dividida ao meio, que são todas utilizadas para calcular o coeficiente de fiabilidade de várias formas e, em seguida, analisar o coeficiente de fiabilidade. (Bolarinwa O, 2015).

A abordagem do coeficiente de fiabilidade alfa é o método mais frequentemente utilizado. O coeficiente de fiabilidade deve situar-se entre 0 e 1 na maioria dos casos. Se o coeficiente de fiabilidade da escala for superior a 0,9, significa que a escala é extremamente fiável. Quando o coeficiente de fiabilidade da escala se situa entre 0,8 e 0,9, significa que a fiabilidade da tabela é excelente. Se o coeficiente de fiabilidade da escala se situar entre 0,7 e 0,8, significa que a fiabilidade da escala está dentro de limites aceitáveis. Se o coeficiente de fiabilidade da escala for inferior a 0,7, alguns dos itens da escala devem ser eliminados. Podemos utilizar o popular programa SPSS para fazer um estudo de fiabilidade do questionário, a fim de verificar se este é estável e fiável. O programa AMOS foi utilizado para analisar a fiabilidade neste estudo, e todos os indicadores do modelo do questionário estavam no nível ótimo. Cada item tem uma classificação de 0,7-0,9, o que sugere que a escala de investigação é fiável e válida, além de cumprir as normas de investigação.

3.7: Resumo

Ao longo do processo de inquérito, utilizei consideravelmente as redes sociais, como o WhatsApp e o Facebook, para divulgar a minha sondagem, o que resultou na participação de um elevado número de pessoas. Recebi cerca de 50 respostas ao meu questionário. Depois de eliminar os comentários de baixa qualidade, restam cerca de 30 respostas de alta qualidade. Mas penso que analisar estes 30 dados não é suficiente, porque os telemóveis Huawei têm pelo menos 660 milhões de utilizadores. Também entrevistei alguns revendedores autorizados e gestores de telemóveis Huawei através da Internet, e as suas respostas são muitas vezes mais representativas. Por isso, continuarei a manter-me em contacto com os utilizadores e a tentar recolher mais dados para análise. Os inquéritos electrónicos facilitam a recolha de dados, mas têm a desvantagem óbvia de variar a qualidade dos dados. Preciso de mais entrevistas com potenciais utilizadores para documentar os seus pensamentos reais.

Capítulo 4: Apresentação dos resultados da investigação

4.1: Análise dos dados das entrevistas

Através do guião de entrevista 1 (apêndice 2), foram realizadas entrevistas com fabricantes de smartphones da Huawei para obter as estratégias da empresa, os produtos, os preços, os modelos de cooperação comercial entre canais e as estratégias de promoção. O corte no fornecimento de chips tem um enorme impacto na Huawei. Uma vez que todos os actuais chips semicondutores contêm tecnologia americana, os novos regulamentos são equivalentes a todos os chips fabricados por qualquer pessoa no mundo e não podem ser fornecidos à Huawei. Devido à escassez de fornecimento de chips, os telemóveis da Huawei só podem utilizar chips 4G sobresselentes para produzir telemóveis neste momento. A Huawei não venderá o negócio dos telemóveis topo de gama, como a série P e a série Mate, as linhas de produtos de gama média e baixa interromperão temporariamente a produção e os restantes chips serão fornecidos à série topo de gama. A sub-marca Honor foi alienada da Huawei em novembro de 2020 e vendida a uma nova empresa formada por várias entidades empresariais. O negócio de smartphones da Huawei manterá um desenvolvimento estável e sustentável e responderá ativamente às sanções dos Estados Unidos.

Antes das sanções dos EUA, a Huawei tinha dezenas de séries de telemóveis, mas após as sanções, devido à escassez de chips, apenas duas séries topo de gama, a série P e a Mate, estão atualmente reservadas, e outras séries estão suspensas. De acordo com as estatísticas divulgadas pela CINNO em janeiro de 2022, a quota da Apple no mercado de telemóveis topo de gama aumentou para 83,6%, enquanto a quota da Huawei subiu para 10,3%, enquanto outras marcas como a Xiaomi, vivo, Honor e OPPO representam apenas 5,1%. Isto significa que a Huawei ainda está na vanguarda do mercado de topo de gama. Para o mercado feminino de telemóveis, a Huawei tem a série Nova, que foi especialmente concebida para mulheres, e a Huawei atribui grande importância ao mercado feminino.

Devido ao impacto das sanções dos EUA, a frequência de lançamento dos produtos de telemóveis da Huawei diminuiu muito. Em 2021, os novos produtos da Huawei só lançarão a série P e a série Mate. Ao mesmo tempo, com o aumento dos custos de hardware, o preço dos telemóveis Huawei está geralmente a aumentar. Como a Huawei não possui chips 5G, a Huawei só pode lançar telefones celulares 4G em 2021, mas como P e Mate são séries de ponta, o preço dos telefones celulares Huawei 4G também é muito mais alto do que o de outras marcas de telefones 5G. Os canais de vendas da Huawei incluem principalmente vendas online e vendas offline, e realizarão promoções durante festivais importantes como o Double Eleven e o Natal.

De acordo com o esquema da entrevista 2 (Anexo 3), os franchisados da Huawei continuam a ter uma atitude otimista em relação à Huawei e desenvolvem ativamente uma série de actividades de cooperação com a empresa. Atualmente, o principal negócio de cooperação passou gradualmente de projectos de telemóveis para hardware inteligente e casa inteligente. As lojas franchisadas e as lojas de experiência da Huawei cobrem quase todas as cidades da China, pelo que os utilizadores podem facilmente usufruir de uma série de serviços da Huawei offline. Para além de venderem produtos da Huawei, as lojas franchisadas da Huawei também vendem outros produtos e as lojas de experiência da Huawei apenas vendem produtos da Huawei. As lojas de franquia podem ser abertas em vários locais nas ruas, enquanto as lojas de experiência são basicamente estabelecidas apenas em ruas movimentadas, distritos comerciais e centros comerciais, principalmente para aumentar a influência da marca. Os franchisados consideram que a falta de chips da Huawei não é um grande problema e acreditam que a Huawei terá uma forma de o resolver.

4.2: Análise dos dados do questionário

4.2.1: PARTE 1: Análise da informação dos entrevistados

Pergunta 1: Género.

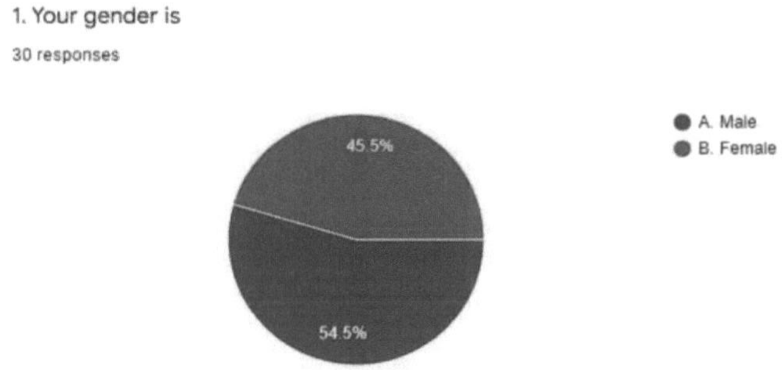

Figura 4: Resultado da pergunta 1.

Esta é uma pergunta de escolha em que o inquirido pode escolher entre masculino e feminino e apenas uma resposta. Uma vez que as pessoas de diferentes géneros tinham impressões diferentes dos objectos, a informação sobre o género figurava em praticamente todos os questionários. As informações sobre o género podem ajudar a avaliar se um produto ou atividade é mais popular entre os homens ou as mulheres. A proporção de homens na sondagem foi ligeiramente superior à de mulheres.

Pergunta 2: Idade.

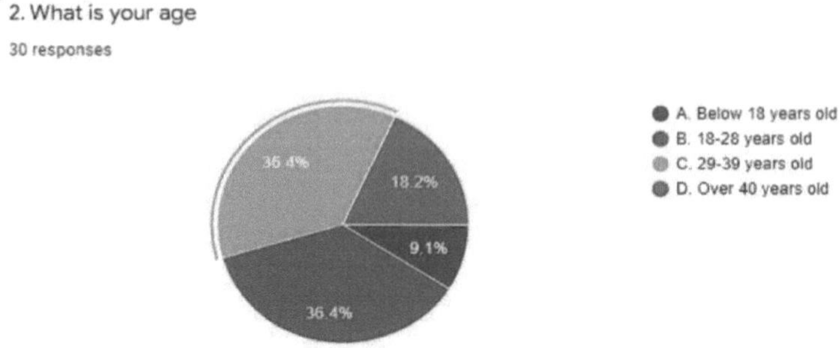

Figura 5: Resultado da pergunta 2.

Esta é uma pergunta de escolha múltipla. Os utilizadores podem escolher a sua própria faixa etária. Dividi a idade em 4 partes: menos de 18 anos, ou seja, o grupo dos menores de idade. 18-28 anos, que deve ser a idade em que a maioria das pessoas vai para a universidade e trabalha. 29-39 anos, que deve ser a idade das pessoas de meia-idade com muitos anos de experiência profissional. Mais de 40 anos, que deve ser a idade para ter uma família completa. Esta é outra pergunta comum nos questionários. Através da análise de pessoas de diferentes faixas etárias, posso perceber o interesse de diferentes faixas etárias neste projeto. A maioria das 30 pessoas que participaram no inquérito tinha mais de 18 anos. Estes dados podem dar-me uma ideia de como os diferentes grupos etários se sentem em relação ao projeto.

Pergunta 3: A sua profissão é

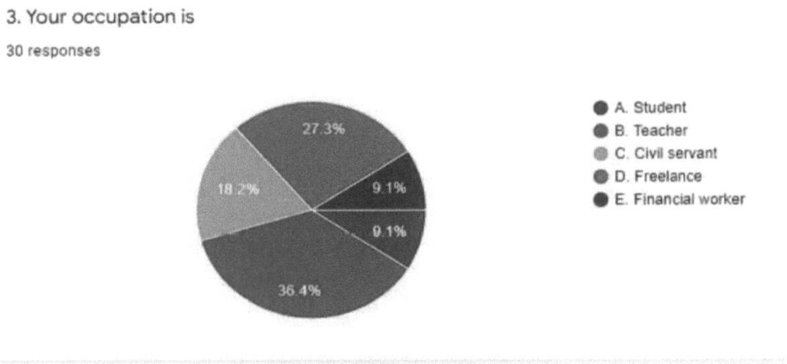

Figura 6: Resultado da pergunta 3.

O objetivo desta pergunta era analisar a identidade das pessoas que participaram no questionário, 36,4% eram professores e 27,3% eram freelancers. Isto mostra que os telemóveis Huawei têm uma reputação mais elevada entre eles.

Resumo

A maioria dos inquéritos inclui pelo menos uma pergunta sobre a nossa idade, sexo ou localização. Os inquéritos demográficos permitem-lhe descobrir exatamente quem é o seu mercado-alvo e o que pensam sobre ele (Sean S, 2017). Para a recolha dos dados pessoais dos entrevistados, não recolherei informações privadas, mas apenas alguns dados pessoais básicos. Através da análise das perguntas 1 a 3, descobri que as pessoas que participaram neste inquérito são basicamente pessoas sociais, porque têm tempo suficiente para utilizar smartphones. Uma vez que o grupo-alvo do projeto também é constituído por utilizadores de smartphones, este inquérito prova a popularidade do projeto entre as pessoas da sociedade.

4.2.2: PARTE 2: Análise da marca Huawei

Questão 4: O seu rendimento mensal é de

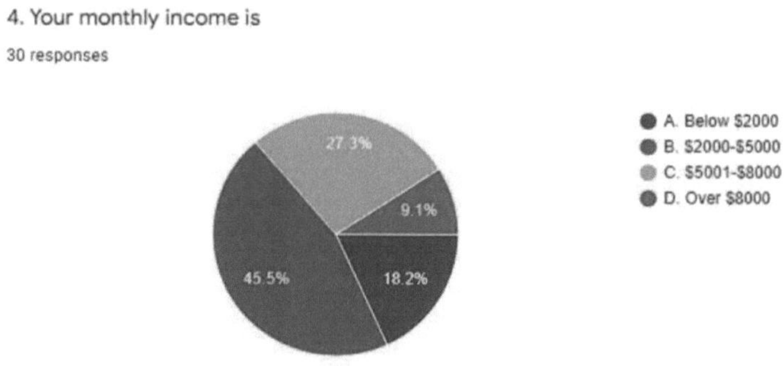

Figura 7: Resultado da pergunta 4.

O principal objetivo deste inquérito é analisar o nível económico destas pessoas. Através da tabela, podemos ver que 45,5% das pessoas estão no nível de $2000 a $5000, o que também reflecte a situação económica da maioria das pessoas. 36,4% das pessoas têm um nível de rendimento superior à média e podem aumentar o seu orçamento para comprar um telemóvel. E o objetivo da compra são as séries topo de gama.

Pergunta 5: A marca do seu telemóvel atual é

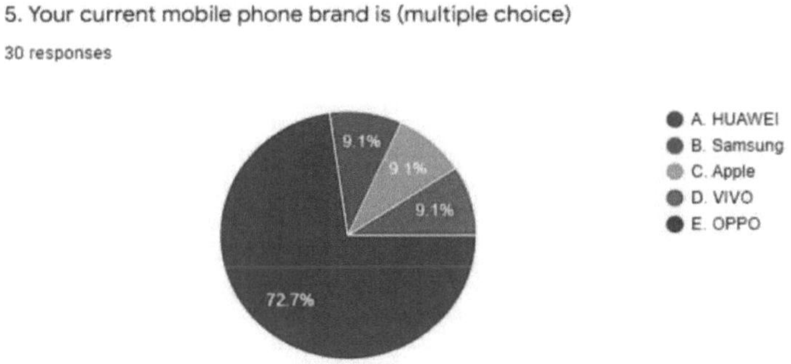

Figura 8: Resultado da pergunta 5.

O objetivo do inquérito era analisar a percentagem de telemóveis utilizados pelos inquiridos. 72,7% das pessoas que participaram no inquérito utilizaram telemóveis Huawei, o que também está de acordo com a quota de mercado dos telemóveis Huawei na China continental.

Pergunta 6: Qual é a sua impressão sobre os telemóveis Huawei?

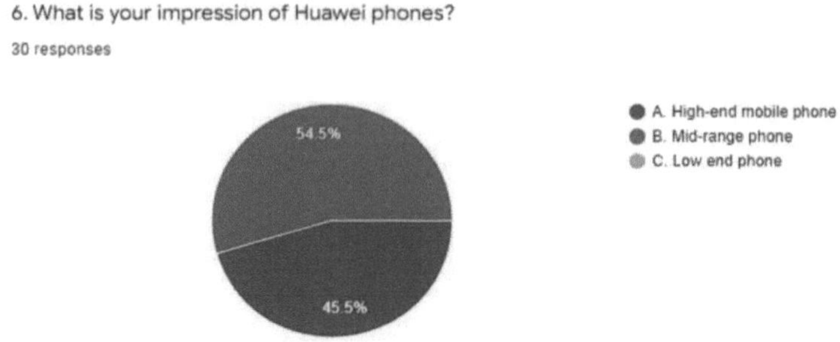

Figura 9: Resultado da pergunta 6.

O objetivo deste inquérito é verificar a popularidade da marca de telemóveis Huawei entre os inquiridos. A maioria das pessoas pensa que os telemóveis Huawei são produtos de gama média-alta, o que está relacionado com a estratégia de marketing, os preços e a configuração do hardware dos telemóveis da Huawei.

Pergunta 7 : Onde aprendeu sobre os telemóveis Huawei?

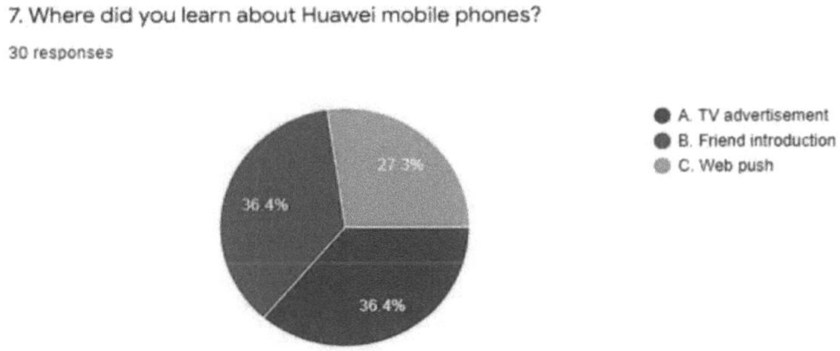

Figura 10: Resultado da pergunta 7.

O objetivo do inquérito era saber onde os inquiridos tomaram conhecimento dos telemóveis Huawei. 36,4% das pessoas tomaram conhecimento da Huawei através de anúncios televisivos, 36,4% tomaram conhecimento da Huawei através de amigos e 27,3% tomaram conhecimento da Huawei através da Internet.

Pergunta 8: Com que aspectos dos telemóveis Huawei está satisfeito?

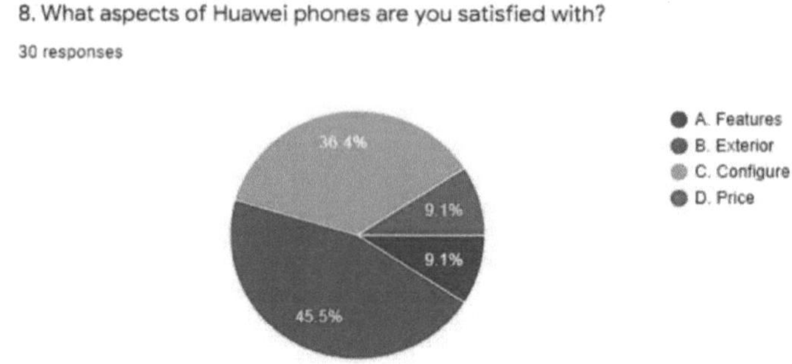

Figura 11: Resultado da pergunta 8.

O objetivo do inquérito era ver em que medida os inquiridos estão satisfeitos com os telemóveis Huawei, sendo que 45,5% dos inquiridos estão satisfeitos com o aspeto dos telemóveis Huawei. 36,4% das pessoas estão satisfeitas com a configuração do hardware dos telemóveis Huawei. Apenas 9,1% estão satisfeitos com o preço e as caraterísticas dos telemóveis Huawei.

Resumo

As perguntas 4 a 8 analisam principalmente o estatuto social dos inquiridos e a popularidade dos telemóveis Huawei. Com base nos resultados preenchidos pelos inquiridos, a maioria deles utiliza telemóveis Huawei, o que também está de acordo com a quota de mercado dos telemóveis Huawei na China continental. Muitas pessoas pensam que os telemóveis Huawei são telemóveis topo de gama e que a compra de telemóveis Huawei exige uma certa base económica.

4.2.3: PARTE 3: Análise das necessidades do projeto

Pergunta 9: Está satisfeito com as funcionalidades do seu telemóvel atual?

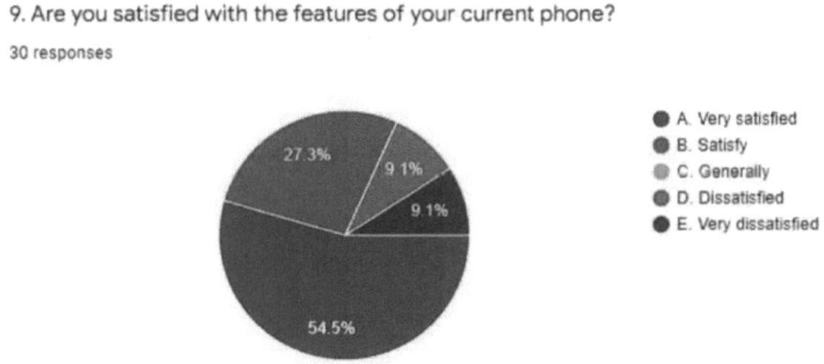

Figura 12: Resultado da pergunta 9.

O objetivo do inquérito era saber até que ponto os inquiridos estavam satisfeitos com a funcionalidade dos seus telemóveis, tendo 54,5% afirmado que estavam muito satisfeitos com os seus telemóveis. 27,3% das pessoas estão satisfeitas com os seus telemóveis. 18,2% estão insatisfeitos com os seus telemóveis.

Pergunta 10: Para além da comunicação básica do seu telemóvel, a função mais importante do seu telemóvel é

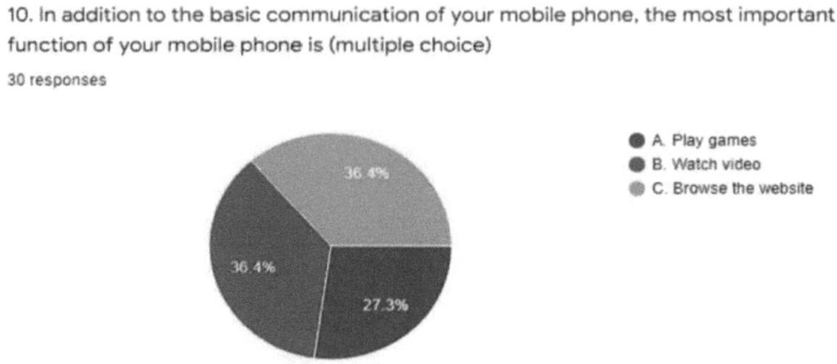

Figura 13: Resultado da pergunta 10.

O objetivo do inquérito era saber como os inquiridos utilizavam as funções dos seus telemóveis, sendo que 36,4% utilizavam regularmente os telemóveis para navegar na Internet e ver vídeos. 27,3% das pessoas utilizam os telemóveis para jogar jogos móveis.

Pergunta 11: Qual é o seu grau de satisfação com o preço dos telemóveis Huawei?

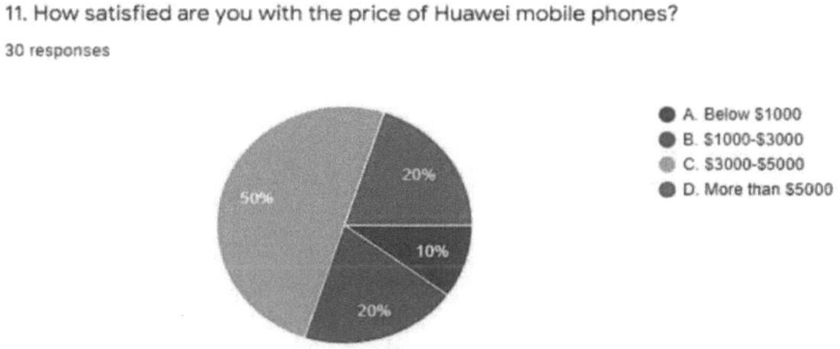

Figura 14: Resultado da pergunta 11.

O objetivo do inquérito era analisar a aceitabilidade dos preços dos telemóveis Huawei por parte dos inquiridos. Uma vez que os inquiridos provêm de diferentes indústrias e têm salários diferentes, os preços que podem pagar pelos telemóveis também são diferentes. 50% consideram que os telemóveis Huawei devem custar entre 3000 e 5000 dólares. 40% consideram que o preço dos telemóveis Huawei deve ser inferior a 5.000 dólares.

Pergunta 12: Se precisar de um telemóvel, onde é que o compra normalmente?

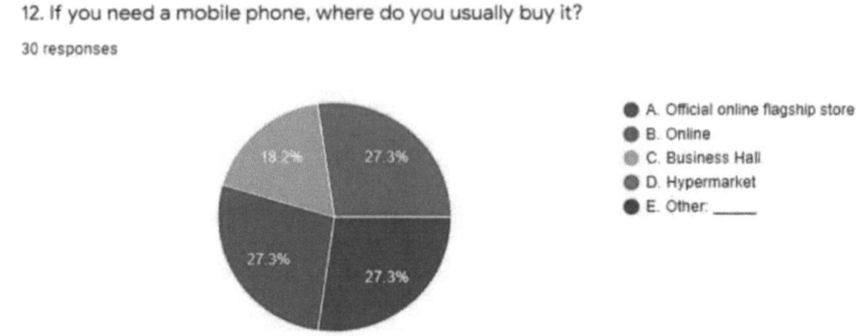

Figura 15: Resultado da pergunta 12.

O objetivo do inquérito era saber qual o canal de compra de telemóveis em que os inquiridos estavam mais interessados. 27,3% das pessoas optam por comprar telemóveis em revendedores offline. 27,3% das pessoas também compram telemóveis através de plataformas de comércio eletrónico. 18,2% das pessoas compram telemóveis em grandes centros comerciais.

Pergunta 13: Que tipo de métodos de promoção conhece dos telemóveis Huawei?

13. What kind of promotion methods do you know about Huawei mobile phones? (Multiple choice)

30 responses

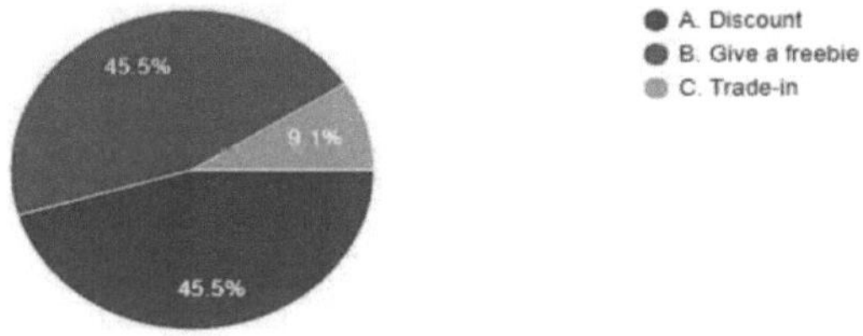

Figura 16: Resultado da pergunta 13.

O objetivo do inquérito era saber como os inquiridos gostariam de promover os telemóveis Huawei. 45,5% das pessoas esperam que os telemóveis Huawei tenham descontos regulares. Ao mesmo tempo, 45,5% das pessoas esperam que os telemóveis Huawei possam oferecer mais brindes. 9,1% das pessoas esperam que os telemóveis Huawei possam obter descontos nas compras através de troca.

Pergunta 14: Quais são, na sua opinião, as desvantagens dos telemóveis Huawei?

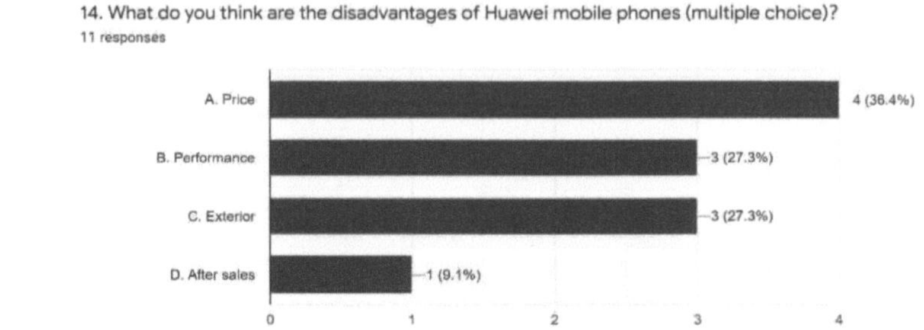

Figura 17: Resultado da pergunta 14.

Dos questionários válidos, 11 pessoas responderam a esta pergunta. O objetivo desta pergunta é fazer com que os consumidores expliquem as deficiências dos telemóveis Huawei. 4 pessoas consideram que o preço dos telemóveis Huawei é demasiado caro e 3 pessoas consideram que o desempenho dos telemóveis Huawei é demasiado fraco. 3 pessoas consideram que a aparência dos telemóveis Huawei não é suficientemente bonita. Uma pessoa considera que o serviço pós-venda dos telemóveis Huawei não é adequado.

Pergunta 15: Quais são, na sua opinião, as vantagens dos telemóveis Huawei?

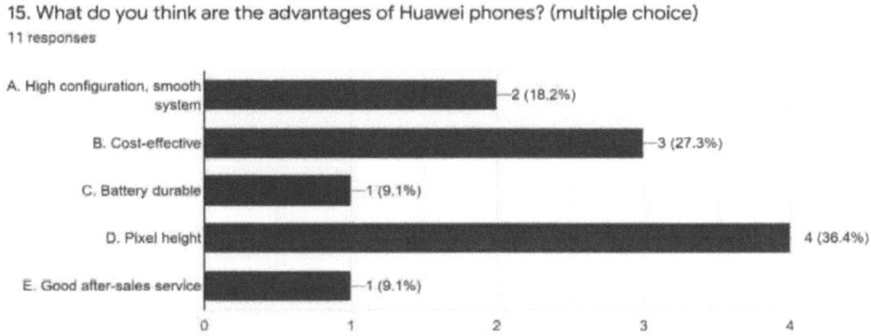

Figura 18: Resultado da pergunta 15.

Dos questionários válidos, 11 pessoas responderam a esta pergunta. O objetivo desta pergunta é fazer com que os consumidores expliquem os méritos dos telemóveis Huawei. Duas pessoas consideram que o sistema operativo dos telemóveis Huawei é prático e fácil de utilizar. 3 pessoas consideram que os telemóveis Huawei são muito económicos. 1 pessoa considera que os telemóveis Huawei têm uma aparência bonita. Quatro pessoas consideram que o efeito da câmara dos telemóveis Huawei é muito bom. Uma pessoa considera que o serviço pós-venda dos telemóveis Huawei é muito bom.

Pergunta 16: Se acha que a estratégia de marketing da Huawei para os telemóveis pode ser melhorada, dê a sua opinião.

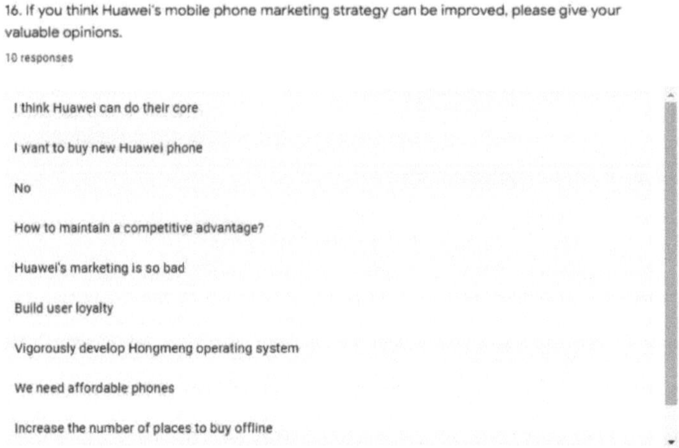
16. If you think Huawei's mobile phone marketing strategy can be improved, please give your valuable opinions.

10 responses

I think Huawei can do their core

I want to buy new Huawei phone

No

How to maintain a competitive advantage?

Huawei's marketing is so bad

Build user loyalty

Vigorously develop Hongmeng operating system

We need affordable phones

Increase the number of places to buy offline

Figura 19: Resultado da pergunta 16.

O objetivo desta pergunta é perguntar aos consumidores o que deve ser melhorado na estratégia de marketing dos telemóveis Huawei. A maioria dos participantes não vê qualquer problema com a atual estratégia de marketing dos telemóveis Huawei. Algumas pessoas consideram que os telemóveis Huawei deveriam reduzir ativamente o preço dos telemóveis em troca de quota de mercado.

Pergunta 17: Os seus dados de contacto

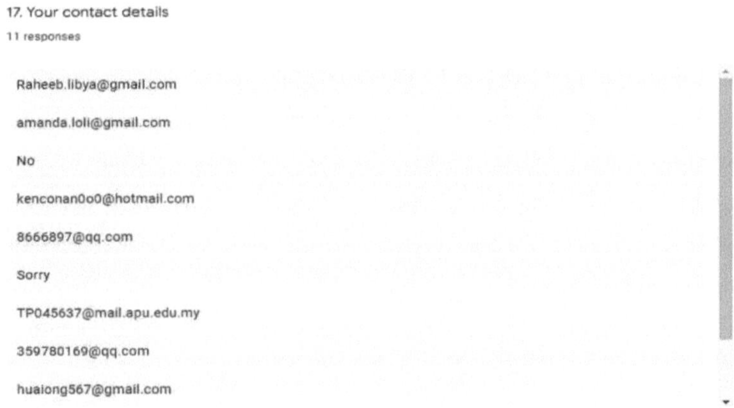
17. Your contact details

11 responses

Raheeb.libya@gmail.com

amanda.loli@gmail.com

No

kenconan0o0@hotmail.com

8666897@qq.com

Sorry

TP045637@mail.apu.edu.my

359780169@qq.com

hualong567@gmail.com

Figura 20: Resultado da pergunta 17.

Trata-se de uma resposta breve que o entrevistado é livre de escrever. Este é um problema da recolha de dados sobre informações pessoais. Os utilizadores podem fornecer um endereço de correio eletrónico e eu entrarei em contacto com eles.

Resumo

As perguntas 9 a 10 descrevem principalmente o grau de satisfação dos inquiridos com os seus telemóveis. A maioria das pessoas está basicamente satisfeita com os seus telemóveis. As perguntas 11 a 16 indicam principalmente se os inquiridos estão satisfeitos com as estratégias de preços e de marketing dos telemóveis da Huawei. Muitos consideram que os telemóveis Huawei têm um preço demasiado elevado e carecem de promoções. A pergunta 17 recolheu os endereços de correio eletrónico de algumas das pessoas que participaram no inquérito, o que ajudará o investigador a manter um contacto próximo com os inquiridos.

4.3: O estado de desenvolvimento dos telemóveis inteligentes HUAWEI

Com o crescimento anual dos utilizadores de telemóveis, da taxa de penetração dos telemóveis e da taxa de penetração dos utilizadores 5G, no final de 2020, o número de utilizadores da Internet era de 989 milhões, dos quais 986 milhões eram utilizadores de Internet móvel (XU Y, 2021). A rápida disseminação das compras em linha e dos vídeos curtos está a impulsionar o mercado dos smartphones. O crescimento dos telemóveis inteligentes, a diferenciação dos telemóveis inteligentes e a procura da rede farão com que o mercado chinês dos telemóveis inteligentes dê início a actualizações do consumo.

Quadro 2: As cinco primeiras classificações de vendas de smartphones em 2020

Brand	2020 sales	Market share in 2020	2019 sales	Market share in 2019	Growth rate
Samsung	253025.0	18.8%	296194.0	19.2%	-14.6%
Apple	199847.3	14.8%	193475.1	12.6%	3.3%
HUAWEI	182610.2	13.5%	240615.2	15.6%	-24.1%
XIAO MI	145802.7	10.8%	126049.2	8.2%	15.7%
OPPO	111785.2	8.3%	118693.2	7.7%	-5.8%
Other	454799.4	33.7%	565563.0	36.7%	-19.6%
Total	1347869.8	100%	1540657.0	100%	-12.5%

Fontes: Gartner, fevereiro de 2021

De acordo com a agência de investigação do mercado das TI, a Gartner informou em fevereiro de 2021. Afectadas pela COVID-19, as vendas globais de todo o ano diminuíram 12. 5% em termos anuais. A quota de mercado dos cinco primeiros em volume de vendas representou 66,3% do mercado global total. O telemóvel Samsung continua a ser a primeira razão para as quotas de mercado dos países ocidentais, e a marca de telemóvel Samsung é uma cadeia industrial mais completa, e a Huawei é afetada pelos Estados Unidos e perdeu muito mercado no mercado nacional ocidental. A quota de mercado da Huawei caiu acentuadamente em 24,1 por cento, a da Samsung em 11,8 por cento e a da Xiaomi em 15,7 por cento. Este facto mostra que a Samsung conquistou o mercado internacional à Huawei. A Xiaomi, conhecida pela sua elevada relação preço/desempenho, conquistou a maior parte do mercado da Huawei.

A Huawei foi constituída em 15 de setembro de 1987, tendo inicialmente actuado sobretudo para telefones e comutadores antigos e desenvolvendo gradualmente o seu próprio equipamento de comunicações. Há cinco fases no desenvolvimento das empresas Huawei: 1987-1992 é a fase inicial. O período de 1992-2000 foi a fase de desenvolvimento nacional. 20002010 é a fase de desenvolvimento global. 2010-2016 é a fase de desenvolvimento de negócios 2C e 2B. 2016 até à data é uma fase de desenvolvimento empresarial diversificado. Em 2020, a Huawei combinará o seu negócio de soluções para automóveis inteligentes com o seu negócio de consumo para formar o Conselho de Gestão do Negócio de Consumo. O negócio de consumo da Huawei, incluindo smartphones, wearables, casas inteligentes, ecrãs inteligentes, etc.

Quadro 3: Informações sobre as receitas do segmento empresarial da HUAWEI (Unidade: milhões de yuan)

Business	2020	Ratio	2019	Ratio	2018	Ratio
Carrier business	302621	34.0%	301965	35.2%	285830	39.6%
Corporate business	100339	11.3%	81554	9.5%	85292	11.5%
Consumer Business	482916	54.2%	467304	54.4%	348852	48.4%
Other projects	5492	0.6%	8010	0.9%	3928	0.5%
Total	891368	100.0%	858833	100.0%	721202	100%

Fontes: Relatório anual Huawei 2020 (Anexo 5)

De acordo com o quadro 3, de 2018 a 2020, as actividades de consumo da Huawei representaram a maior proporção de todas as actividades da Huawei, representando cerca de 50%. Entre eles, em 2019-2020, as receitas do negócio de consumo da Huawei representaram mais de metade das receitas totais da Huawei. Em 2020, diminuiu 0,2% em relação ao ano anterior, e o declínio foi relativamente pequeno. No caso de chips limitados e das vendas do negócio de telemóveis Honor, as receitas de outros produtos, como wearables, tablets e TVs, aumentaram 65% em 2020. Depois de se proteger contra o declínio no negócio de telemóveis, que representou uma proporção relativamente elevada, o negócio de consumo como um todo permaneceu estável em comparação com 2019.

Devido às restrições impostas pela Huawei em matéria de chips e à insuficiente capacidade de produção, a substituição acelerada de smartphones levou à escassez de telemóveis para os revendedores de canais e clientes de canais sociais da Huawei. Um dos problemas que a Huawei tem de resolver nos últimos anos é a forma de aumentar a fidelização dos revendedores e dos clientes dos canais sociais e de utilizar corretamente os recursos de consumo dos revendedores.

4.4: Ambiente externo

O método de análise PEST é utilizado para analisar o macroambiente externo da empresa e, através da análise do ambiente político, económico, social e cultural e tecnológico enfrentado pela empresa, estudar a situação real enfrentada pela empresa, de modo a ajustar a estratégia da empresa e a formulação de objectivos a curto, médio e longo prazo (Kenton W, 2022).

Um ambiente político estável garante o desenvolvimento da indústria e do sector dos smartphones do país, melhorando simultaneamente o ambiente empresarial. O plano "One Belt, One Road" apontou a direção para a exportação internacional de smartphones nacionais e o desenvolvimento de mercados estrangeiros. A tecnologia de comunicação móvel de quinta geração (5G) é uma tarefa fundamental do Programa de Ação Nacional "Made in China 2025".

Afetada pela COVID-19, a despesa per capita dos residentes nacionais em 2020 diminuiu 348,9 RMB em comparação com 2019. 9 yuan, pouca alteração. De acordo com a tendência geral, cada vez mais residentes estão inclinados para o domínio do consumo espiritual e da educação. Especialmente nos últimos dois anos, sob a influência da COVID-19, o consumo em linha

As instituições de ensino ocuparam o mercado da educação, e o ensino em linha tem de se basear num meio terminal mais simples, mas com todas as funcionalidades - um telemóvel inteligente. Com a melhoria da velocidade da rede 5G e o enriquecimento contínuo da experiência inteligente, a atualização dos smartphones e o aumento de novos utilizadores tornaram a concorrência no mercado dos smartphones mais intensa.

O ambiente tecnológico inclui o desenvolvimento de novas tecnologias, a velocidade das actualizações tecnológicas e o ciclo de vida dos produtos. Com o progresso contínuo da tecnologia de comunicação e da ciência e tecnologia, os telemóveis inteligentes passaram pelo desenvolvimento de 2G para 3G, 4G e 5G. Nos próximos anos, o paralelo de longo prazo de 4G e 5G será a tendência de desenvolvimento. Os novos produtos têm promovido vigorosamente o desenvolvimento da indústria da comunicação. O desenvolvimento e a investigação contínuos das funções dos telemóveis não só satisfazem as necessidades de compra dos consumidores, como também promovem a investigação e a utilização de chips e de hardware e software para telemóveis inteligentes, o que promove ainda mais a indústria da comunicação. Com as mudanças na relação entre a oferta e a procura no mercado, os telemóveis inteligentes estão a mostrar um estado competitivo em termos de preço e desempenho, a tecnologia é constantemente actualizada e os custos continuam a baixar.

O modelo das Cinco Forças de Porter é utilizado para formular estratégias sectoriais, analisar o ambiente competitivo e a situação da empresa ou organização-alvo e tomar as medidas estratégicas correspondentes com base nisso. Estas forças determinam se a intensidade global da concorrência numa indústria é intensa ou moderada, afectando assim a rentabilidade das empresas concorrentes na indústria (SCOTT G, 2020). A Samsung, a Apple, a Huawei, a Xiaomi, a Oppo, a VIVO e outras marcas representam a maior parte do mercado mundial, e os telemóveis da marca Transsion têm uma maior quota de mercado em África. Devido às restrições impostas pelos EUA à Huawei, vários fabricantes de telemóveis dividiram novamente as suas quotas de mercado na feroz concorrência na China. Em janeiro de 2021, a OPPO substituiu a Huawei para ocupar a maior quota de mercado, com um aumento da quota de mercado de 33% mês a mês e 26% ano a ano, com uma tendência de crescimento rápido. OPPO pode superar a Huawei, além de seus próprios smartphones 5G, seu principal concorrente, Huawei, está sujeito a restrições de capacidade de produção lideradas pelos Estados Unidos, e a falta de fornecimento de chips não pode atender à enorme demanda do mercado, e suas vendas caíram drasticamente.

4.5: Ambiente interno

Sob a influência da COVID-19, o trabalho a partir de casa e o ensino em linha tornaram-se a norma. Tanto o trabalho em linha como as instalações de ensino exigem produtos terminais inteligentes mediados por smartphones. As ligações avançadas e confortáveis, a IA e os serviços de computação em nuvem promovem o desenvolvimento dos smartphones da Huawei e dos produtos convergentes relacionados. Ao mesmo tempo, a tecnologia de comunicação 5G líder da Huawei e os produtos e soluções de alta qualidade reforçaram a influência internacional da marca Huawei. Os serviços e soluções intersectoriais da Huawei na comunicação, educação, cuidados médicos e agricultura noutros países também acumularam uma boa reputação para os produtos e serviços da Huawei, aumentando a notoriedade da marca.

Os recursos humanos são a principal competitividade das empresas modernas. A Huawei tem uma grande procura de alta tecnologia, e o pessoal de I&D é a principal competitividade da Huawei. A Huawei tem uma equipa grande e estável de talentos de alta qualidade. Esta equipa continuará a exercer o seu potencial e a desenvolver produtos e serviços mais avançados e ricos para a Huawei. De acordo com as estatísticas, em 2020, a Huawei tinha mais de 105.000 funcionários de I&D, representando 53,4% do total da empresa. O sistema de desempenho salarial flexível e eficiente da Huawei, os incentivos materiais e imateriais permitiram que o pessoal de I&D se dedicasse ao campo da I&D, o que fornece uma forte garantia para a investigação e desenvolvimento dos smartphones e outros produtos da Huawei. Além disso, a Huawei Holding Investment Co., Ltd. é detida a 100% pelos trabalhadores e 115 representantes dos trabalhadores formam uma reunião de representantes dos trabalhadores acionistas, que combina eficazmente os benefícios de desenvolvimento pessoal dos trabalhadores com os interesses a longo prazo da empresa e dá pleno desempenho ao papel dos recursos humanos. Promover o desenvolvimento a longo prazo da Huawei e dos funcionários da Huawei

4.6: Competências essenciais

A Huawei tem talentos de I&D e capacidades de investimento de capital em I&D que ultrapassam os outros fabricantes nacionais de telemóveis. A Huawei concentrou-se na investigação e desenvolvimento de patentes nas fases iniciais da sua atividade. Atualmente, a Huawei tem mais de 100.000 funcionários de I&D no ativo e continua a procurar talentos excepcionais, como litógrafos e arquitectos, nas principais universidades para formar as equipas de software e hardware mais avançadas. 2020 O investimento anual em I&D ultrapassa os 1,419 mil milhões de yuan. A Huawei é um dos maiores detentores de patentes do mundo. No final de 2019, detinha mais de 85.000 patentes autorizadas válidas em todo o mundo, e mais de 90% das patentes eram patentes de invenção. A Huawei insiste em investir mais de 10% das suas receitas de vendas em investigação e desenvolvimento todos os anos. Em 2019, cerca de 96.000 pessoas estavam envolvidas em pesquisa e desenvolvimento, representando cerca de 49% do número total de funcionários da empresa. Em 2020, aumentará para 105.000 pessoas, ultrapassando 50% do número total de funcionários da empresa. A capacidade da Huawei para desenvolver chips de forma independente pode dominar os principais componentes dos produtos terminais, reduzir a dependência de fornecedores a montante e aumentar o poder de negociação com os fornecedores. Ao mesmo tempo que mantém uma vantagem competitiva, pode também reduzir os custos de produção e conseguir um aumento das receitas.

Sendo um produto eletrónico potente, o telemóvel inteligente tem um ciclo de substituição curto. Devido à elevada resolução dos componentes dos telemóveis, especialmente a elevada resolução dos ecrãs dos telemóveis e a estabilidade das baterias, é necessário um serviço pós-venda completo para apoiar as vendas de telemóveis inteligentes. A Huawei tem 2.000 lojas de serviço para smartphones, e os serviços pós-venda incluem 7*24 horas de chat online e linha direta de serviço ao cliente, serviço de reparação com envio gratuito de logística bidirecional e reserva antecipada para um serviço de reparação rápido. Online, offline e multi-canal para satisfazer as necessidades dos clientes, consumidores e serviço pós-venda móvel do cliente. E comunicar várias condições pós-venda ao departamento de investigação e desenvolvimento de produtos, melhorar continuamente os produtos e reduzir as preocupações dos consumidores com um serviço pós-venda de alta qualidade.

4.7: Cultura da empresa

A cultura empresarial desempenha um papel importante na orientação da estratégia e direção da empresa, unindo todos os funcionários da empresa, condicionando o comportamento de trabalho dos funcionários e coordenando as partes interessadas relevantes (Builtin.com. 2022). A focalização nos clientes e a criação de valor para os clientes é a única razão de ser da Huawei. A Huawei tem como objetivo servir os clientes desde o seu início e, através da aprendizagem e da prática contínuas, formou uma cultura empresarial representada pela cultura do lobo, pela cultura da escala de cinzentos e pela cultura de marketing do triângulo de ferro. A cultura do lobo representa um sentido de olfato apurado, uma vontade tenaz e um trabalho de equipa flexível. A direção da empresa e o pessoal da linha da frente analisam atentamente as lacunas do mercado, aproveitam os pontos de venda e tomam medidas de marketing especiais para grupos-alvo. Em segundo lugar, a cultura de escala de cinzentos permite à Huawei manter um ritmo globalmente equilibrado e uma atitude otimista em relação ao ambiente na direção mais ou menos correta. As partes interessadas, tais como fornecedores, funcionários, sociedade, etc., estudam profundamente o sentido comum dos produtos e serviços, melhoram os produtos e serviços da empresa com sentido comum e satisfazem as diferentes necessidades dos clientes e consumidores. Finalmente, a cultura de marketing da Audio-Technica permite que os gerentes de produtos, gerentes de soluções e gerentes de entrega aprendam uns com os outros e se complementem, e respondam juntos com um calibre unificado, a mesma plataforma e o mesmo sistema

Capítulo 5: Discussão dos resultados

5.1: Introdução

O negócio dos smartphones da Huawei escolheu a estratégia de diversificação WO (desvantagem/oportunidade) no âmbito da atual perda de quota de mercado para manter o crescimento constante do mercado do negócio dos smartphones. Desenvolver o mercado de produtos convergentes utilizando os smartphones como meio. A fim de resolver o dilema da capacidade de produção insuficiente e da oferta insuficiente devido à falta de chips. Realizar o desenvolvimento de produtos no mercado dos smartphones para melhorar a diferenciação dos produtos e atrair mais consumidores, entrar em mercados não saturados, como o 5G e os mercados de experiência de cena completa, e integrar o negócio de produtos no trabalho, em casa, na medicina, na educação, nos electrodomésticos e noutros domínios.

5.2: Aspectos do produto

A Huawei utilizou uma estratégia de marketing de marca dupla de 2013 a 2020, em que os produtos Huawei se centram na tecnologia e os produtos Honor se centram no mercado, especialmente no mercado jovem. Em 2021, a marca Honor será separada e a marca única da Huawei será restaurada. Como mostra a tabela abaixo, os smartphones da Huawei estão divididos em 3 linhas de produtos e 4 séries. O foco principal é o produto principal e o processador avançado Kirin é utilizado para criar um mercado topo de gama que procura o gosto, o negócio e a moda. Os produtos para a cintura destinam-se principalmente a jovens consumidoras com fotografia e desempenho da bateria. Os produtos para pernas utilizam máquinas de mil yuan para cobrir o mercado de gama média/baixa. O sistema de produtos de cabeça, cintura e pernas ajuda o smartphone Qianhua a efetuar vendas e análises de dados de acordo com os segmentos de mercado.

Product line	Series	Features	Target groups	Processor
Head product	Mate	High-end user customization Big screen	CEO Business man	Kirin high-end chip
	P	Android flagship Exterior	Young people	Kirin high-end chip
Waist Products	Nova	Photo experience, battery capacity	Young women market	Kirin mid-range processor
Leg products	Enjoy	Thousand yuan machine, entry-level	low-end market	Qualcomm low end processor

Os smartphones topo de gama são escassos. Em comparação com outros fabricantes de telemóveis, a Huawei tem capacidades de I&D mais fortes. Mesmo que a disposição seja anterior, no domínio dos semicondutores, a Huawei tem capacidades de I&D, mas não tem capacidade para fabricar chips. Os vendedores, revendedores, distribuidores e clientes dos canais sociais são escassos, e a escassez a longo prazo conduzirá facilmente à perda de clientes dos canais sociais, o que não favorece o desenvolvimento do negócio dos telemóveis inteligentes e dos produtos integrados. As quotas de mercado internacional e nacional diminuíram. Devido às restrições impostas aos equipamentos de comunicação e telemóveis da Huawei pelos países desenvolvidos, liderados pelos Estados Unidos, o negócio de smartphones da Huawei sofreu muitas perdas nos países desenvolvidos. Nesta situação, quase todos os chips Kirin necessários para os produtos topo de gama da Huawei foram cortados e a atividade da Huawei no mercado dos telemóveis topo de gama representou uma grande parte da sua atividade de consumo.

As restrições impostas pelos EUA à Huawei envolvem muitas cadeias industriais e afectarão grandemente o desenvolvimento do negócio de consumo da Huawei. À medida que a fricção comercial sino-americana continua a aumentar, os EUA podem unir forças com outros países para restringir mais as actividades da Huawei. No mercado internacional, a Samsung irá conquistar uma maior quota de mercado internacional à Huawei. No mercado nacional, a capacidade de produção de chips topo de gama da Huawei é insuficiente, e empresas como a Xiaomi, a OPPO e a VIVO têm espremido o mercado nacional da Huawei.

A diferenciação dos produtos é reduzida. As fortes capacidades independentes de investigação e desenvolvimento da Huawei no domínio do equipamento de comunicação fazem com que os telefones inteligentes da Huawei ocupem uma posição de liderança a nível mundial. A redução da capacidade de produção de chips topo de gama colocou a Huawei numa posição difícil. A diferenciação dos smartphones topo de gama da Huawei no domínio do 5G não pode ter uma grande vantagem a curto prazo, o que resulta num declínio da quota de mercado e numa diminuição das receitas do negócio dos smartphones.

A utilização da linha de produtos é baixa. A marca Huawei e a marca Honor utilizam a mesma linha de produção, e a venda dos activos da Honor reduz a utilização da linha de produtos da Huawei. A falta de chips para telemóveis topo de gama reduziu a capacidade de produção e o fornecimento de telemóveis topo de gama, tornando a taxa de utilização da linha de produtos para smartphones topo de gama da Huawei ainda mais baixa. A velocidade da inovação tecnológica está a acelerar, e a atualização das linhas de produtos também está a acelerar. Uma capacidade de produção insuficiente pode também provocar alterações na taxa de reposição de stocks de produtos e acessórios relacionados com o produto.

5.3: Aspectos relativos aos preços

O preço é o único fator que gera receitas. Depois de a Huawei ter vendido o negócio da Honor, o seu posicionamento em termos de preços tornou-se mais claro. As três linhas de produtos cobrem o mercado de consumo de gama alta, média e baixa, o que é conveniente para os consumidores localizarem as séries de produtos de acordo com as suas próprias necessidades de consumo e adquirirem mais rapidamente os telemóveis que lhes convêm. A Huawei formula diferentes sistemas de preços para diferentes linhas de produtos e séries de produtos de acordo com o nível de poder de consumo dos grupos de consumidores. Os telemóveis da Huawei têm principalmente 3 linhas de produtos e 4 séries. O produto principal, a série Mate, divide-se em série Mate topo de gama e série Mate normal. O segmento da série Mate topo de gama é o proprietário de negócios e líder de empresa que procura serviços de personalização personalizados e de bom gosto. Entre eles, o MateX2 utiliza um ecrã dobrável e o sistema HarmonyOS pela primeira vez, com um preço de 17.000-18.000 yuan. O Mate40 Porsche Collector's Edition tem um preço de 11.000-12.000 yuan para jovens chefes e líderes, e a série Mate normal é responsável pela gama média-alta da Huawei, principalmente para empresários jovens e de meia-idade, com um preço de 5.000-7.000 yuan. A série nova de produtos para a cintura destina-se a jovens consumidoras e satisfaz as necessidades de consumo das mulheres jovens, com um preço de 2000-4000 yuan. A série Enjoy de produtos para pernas destina-se ao mercado de máquinas de mil yuan, por exemplo, para pessoas com baixa frequência de substituição e tecnologia insensível, ocupando o mercado de gama média e baixa com máquinas de mil yuan.

Afetada pelas restrições relativas aos chips, a linha de produtos principais da Huawei tem uma escassez de produtos topo de gama no mercado. Para garantir a quota de mercado dos produtos de topo de gama, adopta a estratégia de utilizar os principais chips nos principais produtos e a correspondente estratégia de preços para garantir a quota de vendas de smartphones no mercado de topo de gama. A linha de produtos de cintura utiliza os processadores de gama média/baixa da Huawei, que podem basicamente satisfazer a produção das linhas de produtos existentes.

5.4: Aspectos do canal

O negócio de smartphones da Huawei adopta um modelo de vendas em dois canais, online e offline. Para conseguir um marketing de canal poderoso, a Huawei investiu muitos recursos humanos e materiais nos canais offline. No contexto dos cortes no fornecimento de chips, a capacidade limitada de produção de smartphones topo de gama da Huawei é insuficiente, e a escassez a longo prazo conduzirá a uma deterioração da relação entre a Huawei e os fornecedores de canais, a custos elevados para os clientes e a baixos retornos, bem como a uma menor satisfação com a experiência.

Devido às restrições de fabrico de chips topo de gama, a capacidade de produção de telemóveis topo de gama da Huawei é insuficiente, e a escassez de comerciantes de canal e de clientes de canais sociais levará facilmente à perda de recursos de consumo dos comerciantes de canal e dos clientes de canais sociais, o que não é propício ao negócio de smartphones da Huawei, como comerciantes de canal, revendedores e distribuidores. Como manter uma cooperação a longo prazo com os revendedores e clientes dos canais sociais na situação atual tornou-se a questão principal.

A falta de capacidade de produção dos telemóveis da Huawei conduz diretamente a uma diminuição do volume de compras dos revendedores do canal. Os consumidores que não puderem comprar os produtos de que necessitam recorrerão a outras marcas de smartphones, reduzindo a fidelidade dos clientes e dos consumidores. Devido ao declínio das receitas das vendas de smartphones dos clientes dos canais e ao aumento dos custos comerciais, como rendas e salários do pessoal, as receitas e as despesas dos clientes dos canais tornaram-se desequilibradas, reduzindo gradualmente a fidelidade dos clientes, o que não favorece o desenvolvimento a longo prazo do negócio de smartphones da Huawei.

A satisfação com a experiência das lojas de experiências offline e das salas de estar inteligentes diminuiu. As lojas de experiências offline e as salas de estar inteligentes são layouts de cadeias ecológicas derivadas dos smartphones. Muitos consumidores deslocam-se a lojas físicas ou a lojas de experiências para experimentar a experiência real da máquina antes de comprar. A forte caraterística da cadeia ecológica é o facto de poder satisfazer os consumidores ou clientes que procuram um balcão único para produtos e serviços. A redução do serviço de experiência da marca Huawei também aumentará a quota de mercado dos concorrentes.

5.5: Aspectos da promoção

As principais estratégias de promoção atualmente adoptadas pela Huawei são: lançamento de novos produtos, consumo pós-experiência, promoções publicitárias com o aval de celebridades, promoções em lojas franchisadas, etc. Antes do lançamento do novo produto, será promovido um pequeno vídeo do lançamento através de anúncios, sítios Web, Huawei Mall, etc. No dia da conferência de imprensa, através da apresentação dos produtos por figuras importantes da Huawei, os parceiros globais, os fabricantes e os consumidores podem ficar a conhecer os novos produtos da Huawei em tempo real, aproveitar as oportunidades de mercado através da pré-venda e criar uma dinâmica para o desenvolvimento comercial subsequente.

As lojas de experiências experimentam primeiro e depois consomem. As lojas tradicionais de venda a retalho de telemóveis e as lojas de experiências vendem sobretudo produtos para smartphones. Com a implantação contínua da Internet das Coisas na cadeia ecológica, as lojas de experiências começaram a apresentar uma variedade de produtos em exposição e a dar mais ênfase à experiência funcional dos produtos baseada em cenários. Por exemplo, dispositivos portáteis, interruptores inteligentes, candeeiros de secretária, controlos remotos inteligentes, ecrãs inteligentes, purificadores de ar, etc. Devido à popularização contínua das redes 4G e 5G, a procura de categorias relacionadas de empresas baseadas em smartphones tem aumentado gradualmente, o que levou a uma cadeia ecológica mais ampla de smartphones, servindo melhor o trabalho e a vida quotidiana das pessoas e aumentando as transacções de mercado.
Promoção publicitária do apoio de celebridades. O valor comercial da adesão de uma celebridade reside no seu efeito de radiação sobre os fãs, na transmissão de filmes e programas televisivos de entretenimento, no posicionamento das personagens e nos produtos utilizados nos programas, que se transformam invisivelmente em poder de consumo. A despesa com as taxas de patrocínio de celebridades proporciona um enorme espaço de mercado. Os smartphones da Huawei selecionam celebridades de diferentes grupos etários de acordo com as linhas e séries de produtos. Por exemplo, a série Nova de produtos de gama média da Huawei seleciona grupos de tráfego jovens, e os dos mercados-alvo de estudantes e de gama média Grande influência.

Promoções de lojas especializadas. Existem várias formas de promover lojas de franchise offline: Em primeiro lugar, os fabricantes da Huawei oferecem presentes às lojas franchisadas. Quando vendem telemóveis, as lojas franchisadas não reduzem os preços dos produtos, mas oferecem presentes dos fabricantes. Em segundo lugar, os fabricantes enviam promotores para cooperar na promoção. Em terceiro lugar, cooperar com os operadores de comunicações para oferecer descontos de acordo com a utilização de pacotes de consumo. Em quarto lugar, durante as férias, será adicionada uma sessão de lotaria e serão definidas diferentes regras de lotaria e produtos para atrair os consumidores a comprar na loja. Em quinto lugar, o marketing síncrono em linha e fora de linha, irradia a comunidade, actualiza as redes sociais em tempo real de acordo com as políticas dos produtos e as actividades de compra, permite que mais pessoas conheçam as informações sobre os produtos e aumenta as vendas das lojas franqueadas.

5.6: Resumo

No contexto da quebra de chips, a capacidade de produção limitada dos smartphones topo de gama da Huawei não consegue satisfazer a procura crescente de telemóveis topo de gama por parte dos clientes, consumidores e clientes. Isto levou a uma perda de quota de mercado para os smartphones das empresas Huawei e a uma baixa utilização das suas linhas de produtos. No que respeita ao preço, a diferença de preço dos produtos topo de gama é reduzida, o preço de mercado é confuso e assim por diante. No que diz respeito ao canal, a relação entre os comerciantes do canal e os clientes do canal social está a deteriorar-se, o custo dos clientes é elevado e o lucro é baixo. Na promoção de vendas, há problemas de baixa utilização dos recursos de promoção de vendas e de aumento da taxa de demissão do pessoal de vendas.

Capítulo 6: Conclusões e recomendações

6.1: Introdução

Perante a situação de fornecimento de chips, a Huawei adoptou uma estratégia de desenvolvimento diversificada. Na cadeia ecológica dos smartphones, os produtos, clientes e mercados que a Huawei pode desenvolver podem continuar a aprofundar-se. Perante o problema do fornecimento de chips, a Huawei pode melhorar os produtos, os preços, os canais e as promoções, otimizar as estratégias de marketing actuais e resolver os conflitos causados pelo fornecimento insuficiente. Em termos de produtos, aumentar a quota de produtos nos mercados estrangeiros e conquistar o mercado do Sudeste Asiático de acordo com a política "Uma Faixa, Uma Rota". Segmentar internamente o mercado feminino de gama alta, aumentar as capacidades de fabrico e de I&D, melhorar as ligações cruzadas da cadeia de abastecimento, aumentar a diferenciação de produtos e serviços e utilizar produtos periféricos inteligentes para melhorar a taxa de utilização das linhas de produtos para telemóveis. Em termos de preço: Reforçar a diferenciação dos telemóveis topo de gama e melhorar o canal e o sistema de preços de mercado. Em termos de canais: Utilizar produtos periféricos inteligentes para alargar o âmbito do negócio dos fabricantes, distribuidores e clientes da Huawei, aumentando assim as receitas dos distribuidores e dos clientes, e promover lojas de experiências e serviços de experiências em salas de estar inteligentes. Em termos de promoção: Melhorar a taxa de utilização dos recursos de promoção e melhorar as competências dos revendedores de canais, distribuidores e clientes para reduzir a taxa de desistência.

6.2: Otimização da estratégia do produto

6.2.1: Aumentar a quota de produtos nos mercados estrangeiros

O marketing internacional é, em certa medida, a acumulação de experiências de marketing interculturais. A Huawei desenvolveu-se rapidamente nos mercados estrangeiros graças às suas vantagens em termos de tecnologia de comunicação, e a sua quota de mercado no sector dos smartphones tem vindo a aumentar gradualmente. A Huawei poderia tentar vender noutros mercados em desenvolvimento e menos desenvolvidos, como os países politicamente amigos da iniciativa "Uma Faixa, Uma Rota" (Topchinatravel. 2022.), para evitar um bloqueio liderado pelos EUA. No mercado-alvo da Ásia Central, a Huawei pode combinar a sua própria experiência no mercado internacional para identificar problemas no marketing intercultural, tais como sentimentos humanistas, hábitos de vida, pensamento profissional, métodos de viagem, leis e regulamentos, e formular uma série de marketing localizado. Nos últimos anos, o desenvolvimento do mercado de telemóveis no Sudeste Asiático é a região com a maior taxa de crescimento. A Huawei pode chegar a um consenso sobre a cooperação industrial com os governos dos países do Sudeste Asiático e usar a tecnologia de construção e depuração de estações base da Huawei para ajudar os países subdesenvolvidos a construir redes 5G avançadas, lançando as bases para o mercado de smartphones. Ao mesmo tempo, continuará a desenvolver novos produtos e novas funções que sejam adequados aos costumes e hábitos de vida locais e a subdividir os grupos de consumidores para actualizações funcionais.

6.2.2: Segmentar o mercado feminino

Devido à falta de chips topo de gama, o segmento de mercado dos smartphones é baixo, e o mercado feminino dos telemóveis sempre foi um mercado a que vários fabricantes não prestaram atenção. Tanto a série Mate como a série P dos modelos topo de gama da Huawei são direcionadas para grupos empresariais masculinos. Para a maioria dos grupos femininos, apenas estão disponíveis modelos Nova de gama média/baixa. Por conseguinte, é uma boa opção subdividir um modelo topo de gama adequado ao tamanho da palma da mão das mulheres e concentrar-se no mercado feminino da fotografia.

6.2.3: Melhorar a tecnologia da cadeia de abastecimento

As restrições impostas pelos EUA afectaram grandemente o fornecimento dos componentes principais a montante da Huawei. Por conseguinte, as capacidades de gestão da investigação e desenvolvimento independentes e da cadeia de abastecimento têm de ser melhoradas. O problema da homogeneidade dos telemóveis existente no mercado é um problema fundamental a resolver no atual mercado dos smartphones. Como conseguir a sua própria diferenciação, pode utilizar o big data para analisar as preferências dos consumidores, compreender as várias necessidades dos clientes de acordo com os estudos de mercado e atrair clientes com diferenciação. E estabelecer uma parceria cooperativa de longo prazo na cadeia de abastecimento para garantir o fornecimento adequado de produtos.

6.2.4: Aumentar a diferenciação dos produtos e serviços

Desde o iPhone 4, a Apple tem liderado a inovação tecnológica e a atualização de outras marcas de smartphones. Com o crescimento da procura por parte dos consumidores, a homogeneização dos smartphones conduziu seriamente a uma falta de atratividade e o crescimento do mercado abrandou. Através de uma investigação in loco, verificámos que os ecrãs dos smartphones são cada vez maiores, as câmaras são cada vez mais numerosas, a semelhança dos materiais é elevada, a diferenciação dos serviços é baixa e a homogeneidade dificulta aos consumidores e aos clientes a realização de escolhas de compra muito satisfatórias. Por conseguinte, o aumento da diferenciação dos serviços e das marcas pode aumentar a popularidade dos vendedores e até conduzir ao desenvolvimento de um sector.

6.2.5: Melhorar a utilização da linha de produtos

A marca Huawei e a marca Honor costumavam utilizar a mesma linha de produção. Após a venda da marca Honor, a taxa de utilização da linha de produtos da Huawei diminuiu em comparação com a original. De acordo com a estratégia de desenvolvimento diversificado da Huawei, a Huawei deve desenvolver vigorosamente a indústria inteligente para ultrapassar a escassez de capacidade de produção causada pela capacidade de produção de chips da Huawei. Aumentar a taxa de utilização das linhas de produtos existentes e conseguir uma concorrência diferenciada com produtos topo de gama na cadeia ecológica da Xiaomi. Ao mesmo tempo, a diversificação dos produtos pode aumentar a aderência da cooperação com os concessionários e realizar a distribuição e venda de produtos em conjunto com os concessionários para melhorar os lucros das vendas.

6.3: Otimização da estratégia de preços

6.3.1: Diferenciação de preços

A série de telemóveis topo de gama da Huawei atrai mais consumidores com a mais recente tecnologia e a melhor experiência. Com o aumento do rendimento dos residentes e a melhoria do nível de consumo, cada vez mais pessoas estão dispostas a pagar por produtos de alta qualidade e a melhorar o seu próprio gosto. O ecrã dobrável e a versão Porsche dos smartphones da Huawei destinam-se aos líderes das empresas de gama alta. Os lucros gerados pelos telemóveis topo de gama são muito superiores aos dos telemóveis de gama baixa. O preço elevado dos produtos topo de gama pode também influenciar a marca e aumentar a confiança dos consumidores na compra. Em condições limitadas, a transição de gama baixa para gama média e de gama média para gama alta aumentará a quota de mercado global de smartphones da Huawei.

6.3.2: Melhorar os canais e os mercados

Os canais de comercialização dos smartphones da Huawei incluem canais de venda direta, canais de operadores de telecomunicações, canais públicos e canais em linha. Os diferentes canais de vendas têm diferentes sistemas de preços e políticas de vendas. Os clientes, consumidores e consumidores terão em conta o preço do produto, as condições preferenciais e a velocidade de entrega quando compram telemóveis. A limitação da capacidade de produção dos smartphones topo de gama da Huawei levou à venda de recursos limitados do produto a um preço mais elevado, o que não é propício ao controlo dos preços do canal. Os fabricantes da Huawei podem assinar acordos de gestão dos preços dos produtos com os revendedores do canal, efetuar avaliações dos revendedores do canal e designar sistemas de recompensa e punição.

6.4: Otimização da estratégia de promoção

6.4.1: Melhorar a utilização dos recursos

Os telemóveis da Huawei utilizam atualmente o lançamento de novos produtos, anúncios de celebridades, brindes, créditos e outros métodos promocionais. Estes métodos promocionais entraram num período de estrangulamento na promoção do poder de compra dos clientes. A forma de estimular o interesse de compra dos consumidores e de aumentar a sua procura afectará as vendas no mercado dos smartphones. As limitações da capacidade de produção dos smartphones topo de gama da Huawei podem reduzir as elevadas taxas de patrocínio das estrelas do tráfego através de um posicionamento preciso no mercado. As capacidades de filmagem dos telemóveis Huawei sempre ocuparam uma posição de liderança no mercado dos telemóveis. Por conseguinte, a Huawei pode tirar o máximo partido das suas vantagens em termos de hardware, associar celebridades internacionais da filmagem de vídeos curtos e promovê-los nas redes sociais para impulsionar as vendas de smartphones com funções de filmagem como principal ponto de venda.

6.4.2: Escolher o embaixador da marca certo

Com a popularidade dos smartphones, cada vez mais pessoas vão atualizar os seus gostos em termos de produtos. Os telemóveis topo de gama da Huawei, modelo Porsche e Mate X2, destinam-se a líderes empresariais, e a série Mate normal é também utilizada principalmente por homens de negócios. Por conseguinte, a escolha de pessoas bem-sucedidas dos círculos empresariais e académicos para promoverem os telemóveis Huawei pode não só poupar as elevadas taxas de promoção das estrelas do tráfego, mas também melhorar o gosto dos telemóveis. A reputação é a base para examinar os porta-vozes. Como figura pública, as celebridades têm mais medo de se envolverem em incidentes graves e são facilmente atacadas pelos internautas. Antes de escolher uma celebridade porta-voz adequada, é necessário fazer os trabalhos de casa e não utilizar celebridades com má reputação e celebridades de risco como endossantes.

6.4.3: Promoção de retoma offline

Uma das razões para a falta de procura de novos telemóveis é o facto de os smartphones existentes não terem o preço que pretendem no mercado de usados. Atualmente, o negócio de reciclagem de smartphones da Huawei é realizado principalmente por plataformas de terceiros. A Huawei Mall e as plataformas de terceiros escolhem padrões diferentes, o que causará flutuações no preço dos telemóveis no mercado de segunda mão. A reciclagem de smartphones pode aumentar a quantidade existente de alguns componentes principais dos telemóveis, que serão reutilizados no fabrico de smartphones e de produtos de fusão. Em comparação com as plataformas de reciclagem de terceiros, é mais provável que os consumidores confiem nas capacidades de identificação das marcas de telemóveis. Por conseguinte, as lojas de experiência e as salas de estar inteligentes da Huawei podem aumentar a escala do negócio de reciclagem, integrar o negócio pós-venda e servir de base única para os consumidores substituírem e adquirirem telemóveis, melhorar as capacidades de serviço e reduzir as preocupações dos consumidores com a mudança.

6.3.4: Capacitar os vendedores para reduzir a demissão

Enquanto pessoal da linha da frente da atividade de venda de telemóveis, o pessoal de vendas desempenha um papel importante na estratégia de promoção dos produtos para smartphones.

Quando os smartphones topo de gama da Huawei estão esgotados e o pessoal de vendas dos clientes não tem produtos para vender, o pessoal de vendas demite-se ativa ou passivamente, o que resulta na perda de recursos humanos dos clientes da Huawei. Os distribuidores precisam de acelerar a formação das competências do pessoal de vendas, aumentar a sua compreensão do negócio de produtos integrados e dominar de forma abrangente o conhecimento dos produtos à venda. Os fabricantes da Huawei podem organizar regularmente a formação do pessoal de vendas e utilizar a formação em competências de marketing profissional para melhorar as competências essenciais do pessoal de vendas dos clientes e aumentar a confiança do pessoal de vendas.

6.5: Resumo

Os smartphones desempenham um papel importante no trabalho e na vida quotidiana das pessoas. As restrições impostas pelos EUA aos chips da Huawei reflectem a importância das principais capacidades de I&D e de fabrico na política, economia e comércio internacionais. A Huawei, enquanto marca nacional na China, está a enfrentar uma perda no mercado internacional e uma concorrência feroz no mercado nacional. A forma de ajustar a estratégia de marketing existente para atingir o objetivo de "buffer" é um problema importante a resolver.

Com base na teoria de marketing 4P, na teoria STP e na teoria da diferenciação, este documento analisa os factores externos e internos enfrentados pelo mercado de smartphones da Huawei e apresenta sugestões de otimização. No âmbito da tendência paralela a longo prazo do 4G e do 5G, a Huawei pode tirar partido desta oportunidade e adotar uma estratégia baseada nos smartphones para desenvolver vigorosamente quatro indústrias integradas, a fim de atenuar o problema da oferta insuficiente de smartphones topo de gama. Através de entrevistas e de uma análise da literatura para estudar a situação atual dos produtos existentes da Huawei em termos de preços, canais e promoções, propõe-se que os smartphones da Huawei enfrentem uma oferta insuficiente de chips de gama alta, uma segmentação do mercado de smartphones de gama baixa, uma baixa utilização da linha de produtos, uma confusão de preços, uma deterioração da relação entre os fabricantes da Huawei e os revendedores de canais e uma baixa utilização dos recursos promocionais, etc., e uma análise aprofundada das causas dos problemas. Por último, propõe subdividir o mercado nacional de smartphones topo de gama para mulheres, utilizar produtos integrados para melhorar a taxa de utilização das linhas de produtos para telemóveis, melhorar o sistema de preços do canal e do mercado e melhorar a taxa de utilização dos recursos promocionais. A fim de alcançar um crescimento económico estável.

Capítulo 7: Reflexões sobre o desenvolvimento da sua competência pessoal

A minha licenciatura é obtida no Departamento de Informática da Universidade de Tecnologia da Ásia-Pacífico, na Malásia. A razão pela qual escolhi o MBA como objeto de investigação de mestrado, como homem da ciência e tecnologia, é para obter uma plataforma mais elevada e melhores recursos de rede. Pretendo adquirir melhores conhecimentos de gestão para obter mais oportunidades de promoção. E preparar-me para o futuro empresarial. Ao longo de um ano de estudo, dominei as competências necessárias para os líderes, tais como gestão financeira, liderança, análise de decisões empresariais, marketing, gestão global e sustentabilidade empresarial. O MBA ajudou-me a mudar a minha mentalidade científica, proporcionando novas ideias e ferramentas para identificar oportunidades e estratégias empresariais bem sucedidas para enfrentar desafios. Ao mesmo tempo, os professores do MBA, os professores e até os alunos têm todos uma vasta experiência empresarial, pelo que tenho uma rede de contactos mais vasta, o que é muito útil para o meu trabalho futuro. Este é talvez o aspeto mais discutido pela maioria dos diplomados do MBA alguns anos mais tarde. Toda a gente passou por um período inesquecível enquanto frequentava o MBA, pelo que foi difícil não encontrar alguns confidentes durante esse período. Estes amigos não só são boas pessoas, como também são susceptíveis de ter sucesso nas áreas de negócio em que se especializarem mais tarde. No futuro, estes amigos serão provavelmente os meus contactos mais valiosos. Por conseguinte, a minha motivação para escolher o MBA é a seguinte:

- Aprender conhecimentos de gestão: Quanto mais tempo trabalhar, mais sentirá a importância da teoria da gestão. O objetivo de estudar MBA é aprender sistematicamente conhecimentos de teoria empresarial, melhorar a sua capacidade de gerir a sua empresa e controlar melhor o desenvolvimento futuro da sua empresa. Se a empresa cresce cada vez mais, a gestão da empresa não consegue acompanhar, e o resultado é apenas o fracasso. É particularmente importante melhorar a sua visão e capacidade de controlo através da aprendizagem de conhecimentos teóricos sobre a empresa para melhor orientar a prática.
- Eleve-se: A teoria das necessidades de Maslow diz-nos que as necessidades humanas estão divididas em cinco níveis, sendo o nível mais elevado a necessidade de auto-realização (Masterclass. 2020). O MBA pode ajudar os empresários e as elites de todos os sectores da

vida a melhorarem-se, a alargarem o seu pensamento e a sua visão, de modo a satisfazerem as necessidades de auto-realização.

realização.

- Partilha de recursos: A maior caraterística do MBA é o facto de ser de topo em termos de corpo docente, recursos de ensino ou rede de antigos alunos. Pode dizer-se que é única na partilha de recursos. Em termos de professores, quer sejam professores no campus ou fora do campus, todos são professores de primeira classe em várias faculdades e universidades. Quanto aos antigos alunos, podem aprender uns com os outros com as elites de várias empresas, trocar experiências e pontos de vista diferentes, romper com o padrão existente e alargar os seus horizontes.

Num ano de estudo, tenho uma compreensão mais profunda e precisa do MBA e também aprendi o que um líder deve fazer. Fiz grandes progressos a nível mental, pessoal e académico. Este foi um ano gratificante e significativo. Acredito que os conhecimentos adquiridos este ano se tornarão um tesouro raro na minha vida. No futuro, integrarei plenamente os conhecimentos do MBA no meu trabalho. Esta investigação e dissertação foram concluídas sob os cuidados e a orientação do meu supervisor, Dr. Pradeep. A sua atitude científica séria, o seu espírito académico rigoroso e o seu estilo de trabalho de excelência contagiaram-me e inspiraram-me profundamente. Desde a seleção do tema até à conclusão final do projeto, o Dr. Pradeep deu-me sempre uma orientação cuidadosa e um apoio incessante. Ao mesmo tempo, deu-me também um cuidado meticuloso nos meus pensamentos e na minha vida. Gostaria de expressar a minha sincera gratidão e o meu grande respeito pelo Sr. Dr. Pradeep.

Um ano de estudos de mestrado está a chegar ao fim, mas a aprendizagem não tem fim e ainda tenho muito a aprender. No futuro, continuarei a manter uma atitude de aprendizagem positiva, consolidarei os conhecimentos básicos, continuarei a aprender novos conhecimentos teóricos, novas competências de gestão, compreenderei teorias e métodos de ponta e tornar-me-ei um líder capaz. Ao mesmo tempo, tenho de ser bom a resumir os fracassos e a melhorar constantemente o meu nível profissional.

Este artigo utiliza muitos conhecimentos de MBA, incluindo, entre outros, a teoria de marketing 4P, a teoria STP e a teoria da diferenciação. É claro que este artigo também tem lacunas.
É difícil obter dados sobre as vendas de smartphones dos revendedores e distribuidores, e é impossível analisar com exatidão os dados relevantes de produtos individuais. A segmentação do mercado carece de amostras de dados adequadas. A implementação de sugestões de otimização de marketing exige que a Huawei e os seus canais de vendas se diferenciem de acordo com as condições locais reais dos canais, e o orçamento para as sugestões de otimização propostas é difícil de prever. Este artigo é um resumo do meu estudo a nível de pós-graduação, e procuro ser abrangente e objetivo no processo de escrita. No entanto, devido à limitação do seu próprio nível académico, os resultados da investigação da tese ainda não são suficientemente profundos. Se houver mais tempo e energia para continuar a pensar e a escrever, espero que a investigação possa ser feita de forma mais abrangente. Por conseguinte, este trabalho apresenta inevitavelmente deficiências nos resultados da investigação, nos métodos de análise e na estrutura do artigo. Peço a todos os professores e especialistas que me critiquem e corrijam, e que me dêem os vossos conselhos.

Referências

1. Archibugi, D., 1999. The policy implications of the globalisation of innovation. [em linha] ScienceDirect. Disponível em: <https://www.sciencedirect.com/science/article/abs/pii/S0048733398001164> [Acedido em 13 de março de 2022].

2. Gassmann, O., 1999. Novos conceitos e tendências na organização internacional de I&D. [online] ScienceDirect. Disponível em: <https://www.sciencedirect.cOm/science/article/abs/pii/S0048733398001140#:~:text=Five%20trends%20of%20organizational%20change,of%20foreign%20R%26D%20sites%2C%20(4>
[Acedido em 13 de março de 2022].

3. Chen, J., 2011. China's R&D internationalization and reform of science and technology system | Emerald Insight. [em linha] Emerald.com. Disponível em: <https://www.emerald.com/insight/content/doi/10.1108/17585521111155183/full/ html>
[Acedido em 14 de março de 2022].

4. Athreye S, Alberto. Internacionalização de P&D em países em desenvolvimento asiáticos: evidências de multinacionais europeias.[J]. Mercati e competitività.,2016,3(3). [Acedido em 15 de março de 2022]

5. Shuiqing Z, Du Debin. A globalização da I&D das empresas multinacionais e as contramedidas da China [J]. World Economic Research, 2001(03):29-33. [Acedido em 15 de março de 2022].

6. Jin C, Jing Jinsong, Wu Canglan, Zhu Zhaohui, Tong Liang. O modelo e a evolução dinâmica da internacionalização da inovação tecnológica nas empresas chinesas [J]. Science Research, 2003(03):315-320.
[Acedido em 16 de março de 2022]

7. Yantai C, Wu Zhe, Fan Yancheng, Rong Ke. Investigação sobre a internacionalização da I&D: Conotação, Enquadramento e Contexto Chinês [J]. Research in Science, 2017,35(03):387-395+418.
[Acedido em 16 de março de 2022]

8. Jujian C., 2019. Mercado de smartphones na China: Challenges, Opportunities, and Promises. [online] igi-global. Disponível em: <https://www.igi-global.com/chapter/smartphone-market-china/68655>
[Acedido em 17 de março de 2022].

9. Xing Y. A Huawei na perspetiva do marketing internacional [J]. Teoria empresarial chinesa, 2017(05):87-88.3
[Acedido em 17 de março de 2022]

10. Hourui Z. Pesquisa sobre a estratégia de marketing de telemóveis da XM Company [D]. Universidade de Petróleo de Xi'an, 2020(07):69-58.7
[Acedido em 17 de março de 2022]

11. Zhuo C. Investigação sobre o comportamento de comunicação de grupos de telemóveis na era da Internet móvel [D]. Universidade de Jilin, 2017(08):84-71.5
[Acedido em 17 de março de 2022]

12. Wanyu Y. A transformação da estratégia de marketing sob o pano de fundo da economia de rede [J]. Pesquisa de negócios, 2018(09):78-79.
[Acedido em 18 de março de 2022]

13. Feng J. Investigação e análise do marketing mix e factores de influência [J]. Modernização do Mercado, 2016(23):54-56.
[Acedido em 18 de março de 2022]

14. Cong T. Pesquisa sobre a estratégia de marketing de smartphones da empresa [D]. Universidade Normal de Huazhong, 2016(18):68-54.
[Acedido em 18 de março de 2022]

15. Hangying Y. Investigação sobre a estratégia de marketing dos smartphones da Huawei [D]. Universidade de Jilin. 2020(20):43-54.
[Acedido em 18 de março de 2022]

16. Abdrasul N. Research on the Marketing Strategy of Huawei Mobile Phones in Kyrgyzstan [D]. Universidade de Tecnologia de Lanzhou. 2020(09):52-15.
[Acedido em 19 de março de 2022]

17. Luhanska Z. Investigação sobre a estratégia de marketing da ZTE Corporation na Ucrânia [D]. Universidade de Jilin. 2020(17):25-10.
[Acedido em 19 de março de 2022]

18. Shankar, V. e Balasubramanian, S., 2019. Marketing móvel: A Synthesis and Prognosis. [online] ScienceDirect. Disponível em: <https://www.sciencedirect.com/science/article/abs/pii/S1094996809000310> [Acedido em 20 de março de 2022].

19. Tolety H. Marketing, vendas relâmpago e estratégia de otimização de custos da Xiaomi Inc [J]. Revista Internacional de Pesquisa em Finanças e Marketing. 2017(05):182-19.
[Acedido em 20 de março de 2022].

20. Tolety H. Marketing, The Role of Marketing Channels in Supply Chain Management [J]. Revista Internacional de Pesquisa em Finanças e Marketing. 2017(05):182-19.
[Acedido em 20 de março de 2022]

21. Kozlenkova, I. e Hult, G., 2015. O papel dos canais de marketing na gestão da cadeia de abastecimento. [online] ScienceDirect. Disponível em: <https://www.sciencedirect.com/science/article/abs/pii/S002243591500024X> [Acedido em 20 de março de 2022].

22. Wernerfelt, B., 1984. A resource-based view of the firm. [em linha] wiley. Disponível em: <https://onlinelibrary.wiley.com/doi/10.1002/smj.4250050207> [Acedido em 21 de março de 2022].

23. Hamel, G., 1990. The Core Competence of the Corporation. [em linha] Harvard Business Review. Disponível em: <https://hbr.org/1990/05/the-core-competence-of- the-corporation>
[Acedido em 21 de março de 2022].

24. Purateera, T., 2011. Factores de Influência que Afectam a Gestão de Pequenas Empresas no Nordeste da Tailândia. [online] Researchgate. Disponível em: <https://www.researchgate.net/publication/296685738_Influence_Factors_Affecting_Management_Of_Small_Enterprises_In_Northeast_Thailand>
[Acedido em 22 de março de 2022].

25. Kleiner, A., 2013. As capacidades dinâmicas de David Teece. [em linha] strategy+business. Disponível em: <https://www.strategy- business.com/article/00225>
[Acedido em 22 de março de 2022].

26. Gestão. 2016. O Modelo Organizacional de Mintzberg. [em linha] Disponível em: <https://managementmania.com/en/mintzbergs-organizational-model> [Acedido em 23 de março de 2022].

27. Yun S. 2021. O Mecanismo de Formação da Resiliência Organizacional de As empresas na situação de desglobalização com base no estudo de caso da Huawei. [em linha] Disponível em: <https://kns.cnki.net/kcms/detail/detail.aspx?doi=10.16538/j.cnki.fem.20210315.2 01>
[Acedido em 23 de março de 2022].

28. LIU, Z., 2017. A inovação da Huawei. [online] Abebooks.com. Disponível em: <https://www.abebooks.com/Huawei-innovationChinese-Edition-ZHOU-LIU-ZHENG/22395754828/bd>
[Acedido em 23 de março de 2022].

29. TAO, T., 2015. A próxima queda não será da Huawei. [em linha] amazon. Disponível em: <https://www.amazon.com/next-fall-will-Huawei-Chinese/dp/7508652681> [Acedido em 23 de março de 2022].

30. Wang, Z., 2018. A análise do processo e do resultado do papel da internacionalização de P&D no desempenho da inovação empresarial. [online] Xml-data.cn. Available at: <http://www.xml-data.cn/WGJJYGL/html/52c243b5-c629-4a52- a140-

35a25a02011c.htm>
[Acedido em 24 de março de 2022].

31. Hu, X., 2018. Internacionalização de P&D, rede de conhecimento transnacional e desempenho de inovação da unidade de P&D. [online] Systems Engineering - Theory & Practice. Disponível em: <https://www.sysengi.com/CN/abstract/abstract112042.shtml> [Acedido em 24 de março de 2022].

32. Zhang, F., 2010. China's Changing National and Regional Innovation Systems and Regional Distribution of R&D. [em linha] Disponível em: <https://compass.onlinelibrary.wiley.com/doi/10.1111/j.1749- 8198.2010.00323.x> [Acedido em 25 de março de 2022].

33. DeCarlo, M., n.d. Inductive and deductive reasoning. [em linha] Scientificinquiryinsocialwork.pressbooks.com. Disponível em: <https://scientificinquiryinsocialwork.pressbooks.com/chapter/6-3-inductive-and-deductive-reasoning/>
[Acedido em 26 de março de 2022].

34. Bhandari, P., 2022. O que é o raciocínio dedutivo? | Explicação e exemplos. [online] Scribbr. Disponível em: <https://www.scribbr.com/methodology/deductive-reasoning/>
[Acedido em 28 de março de 2022].

35. Peng, Z., 2022. Desafios para a Huawei se globalizar no âmbito dos litígios comerciais. [online] ResearchGate. Disponível em: <https://www.researchgate.net/publication/357615822_Challenges_for_Huawei_to_Go_Global_Under_the_Trade_Disputes>
[Acedido em 28 de março de 2022].

36. BBC News. 2020. Huawei: A proibição mais rigorosa dos EUA entra em vigor, pode o chinês
Gigante das telecomunicações continua a sobreviver após o "núcleo partido". [em linha] Disponível em: <https://www.bbc.com/zhongwen/simp/business-54151243>
[Acedido em 29 de março de 2022].

37. Kirton, D., 2020. Preços dos telemóveis Huawei sobem na China devido a receios de escassez de chips.
[em linha] Reuters. Disponível em: <https://www.reuters.com/article/uk-huawei-tech-china-idUKKBN2680AW>
[Acedido em 30 de março de 2022].

38. Utep.edu. n.d. Basic vs. Applied Research. [em linha] Disponível em: <https://www.utep.edu/couri/dept/about-ug-research/basic-vs-applied-

research.html#:~:text=Basic%20research%20does%20not%20have,aimed%20at%20solving%20practical%20problems>
[Acedido em 30 de março de 2022].

39. Mindtools.com. 2022. O Marketing Mix e os 4Ps: Entendendo como posicionar sua oferta de mercado. [online] Disponível em: <https://www.mindtools.com/pages/article/newSTR_94.htm>
[Acedido em 30 de março de 2022].

40. Segmentationstudyguide.com. 2022. O processo completo de STP. [em linha] Disponível em: <https://www.segmentationstudyguide.com/>
[Acedido em 31 de março de 2022].

41. Hanlon, A., 2022. Marketing STP: O modelo de segmentação, direcionamento e posicionamento. [em linha] Smart Insights. Disponível em: <https://www.smartinsights.com/digital-marketing-strategy/customer- segmentation-targeting/segmentation-targeting-and-positioning/> [Acedido em 31 de março de 2022].

42. KOPP, C., 2021. Compreender a diferenciação do produto. [online] Investopedia. Disponível em: <https://www.investopedia.com/terms/p/product_differentiation.asp> [Acedido em 2 de abril de 2022].

43. Martin, M., 2019. Exemplos de diferenciação em marketing. [online] Pequenas Empresas - Chron.com. Disponível em: <https://smallbusiness.chron.com/examples- differentiati on-marketing-25678.html>
[Acedido em 2 de abril de 2022].

44. Swaen, B., 2021. Construção de um quadro concetual. [online] Scribbr. Disponível em: <https://www.scribbr.com/methodology/concetual-framework/#:~:text=A%20conceptual%20framework%20is%20a,and%20theories%20about%20the%20topic>
[Acedido em 3 de abril de 2022].

45. QuestionPro. 2022. Questionários: Definição, vantagens e exemplos | QuestionPro. [online] Disponível em: <https://www.questionpro.com/blog/what-is- a-questionnaire/>
[Acedido em 4 de abril de 2022].

46. Middleton, F., 2022. Fiabilidade vs. validade: Qual é a diferença? [online] Scribbr. Disponível em: <https://www.scribbr.com/methodology/reliability-vs- validade/>
[Acedido em 5 de abril de 2022].

47. Bolarinwa, O., 2015. Princípios e métodos de teste de validade e fiabilidade de questionários utilizados na investigação em ciências sociais e da saúde. [online] npmj.org. Disponível em: <https://www.npmj.org/article.asp?issn=1117-1936;year=2015;volume=22;issue=4;spage=195;epage=201;aulast=#:~:text=Relia

bilidade%20refere-se%20ao%20grau,e%20procedimento%20pode%20ser%20replicado.&text=Embora%20confiabilidade%20importante%20contribui%20para,a%20validade%20de%20um%20questionário>
[Acedido em 5 de abril de 2022].

48. QuestionPro. 2022. Tipos de entrevistas em pesquisa e métodos | QuestionPro. [em linha] Disponível em: <https://www.questionpro.com/blog/types-of-interviews/> [Acedido em 6 de abril de 2022].

49. Sean, S., 2017. A importância das perguntas demográficas - Taxa de conversão.... [online] Blogue de otimização da taxa de conversão. Disponível em: <https://qeryz.com/blog/importance-demographic-questions/>
[Acedido em 7 de abril de 2020].

50. XU, Y., 2021. Os utilizadores da Internet na China atingem 989 milhões em 2020. [online] asiatimes. Disponível em: <https://asiatimes.com/2021/02/chinas-internet-users-hit-989-million-in-2020/>
[Acedido em 7 de abril de 2022].

51. KENTON, W., 2022. Análise PEST. [online] Investopedia. Disponível em: <https://www.investopedia.com/terms/p/pest-analysis.asp#:~:text=PEST%20Analysis%20(political%2C%20economic%2C,more%20competitive%20in%20the%20market>
[Acedido em 8 de abril de 2022].

52. SCOTT, G., 2020. As 5 Forças de Porter. [online] Investopedia. Disponível em: <https://www.investopedia.eom/terms/p/porter.asp>
[Acedido em 9 de abril de 2022].

53. Builtin.com. 2022. Cultura da empresa: Definição, Benefícios e Estratégias | Built In. [em linha] Disponível em: <https://builtin.com/company-culture> [Acedido em 9 de abril de 2022].

54. Topchinatravel.com. 2022. Iniciativa "Um Cinturão, Uma Estrada", Mapa, Lista e Impacto da iniciativa "Um Cinturão, Uma Estrada". [em linha] Disponível em: <https://www.topchinatravel.com/silk- road/one-belt-one-road.htm>
[Acedido em 10 de abril de 2022].

55. masterclass. 2020. Um Guia para os 5 Níveis da Hierarquia das Necessidades de Maslow. [em linha] Disponível em: <https://www.masterclass.com/articles/a-guide-to-the-5- levels-of-maslows-hierarchy-of-needs#quiz-0>
[Acedido em 10 de abril de 2022].

56. Debois, S., 2022. 10 Vantagens e Desvantagens dos Questionários - Survey Anyplace. [em linha] Survey Anyplace. Disponível em: <https://surveyanyplace.com/blog/questionnaire-pros-and-cons/> [Acedido em 11 de abril de 2022].

57. A Plus Topper. 2022. Vantagens e Desvantagens do Método de Observação | Méritos e Deméritos da Observação em Marketing. [online] Disponível em: <https://www.aplustopper.com/advantages-and-disadvantages-of-observation- method/> [Acedido em 11 de abril de 2022].

Apêndice

1: Lista de entidades dos EUA

Print

Entity List

Supplement No. 4 to Part 744 of the Export Administration Regulations This document is formatted and provided by BIS as a convenience to the public. However, it does not constitute the official version of the Entity List and may not include recent changes and amendments. To ensure that you are relying on the official version of the Regulations, please visit the **Code of Federal Regulations**.

General Description

The Export Administration Regulations (EAR) contain a list of names of certain foreign persons – including businesses, research institutions, government and private organizations, individuals, and other types of legal persons – that are subject to specific license requirements for the export, reexport and/or transfer (in-country) of specified items. These persons comprise the Entity List, which is found in Supplement No. 4 to Part 744 of the EAR. On an individual basis, the persons on the Entity List are subject to licensing requirements and policies supplemental to those found elsewhere in the EAR.

License Requirements Imposed by the Entity List

The Entity List specifies the license requirements that it imposes on each listed person. Those license requirements are independent of, and in addition to, license requirements imposed elsewhere in the EAR. For example, if you want to export, reexport or transfer (in-country) an EAR99 item to a listed entity and the license requirements for that person as specified in the "License Requirement" column of the Entity List state "all items subject to the EAR," you would have to obtain a license before exporting, reexporting or transferring (in-country) the item, even if the EAR99 item could otherwise be sent to the country of destination without a license provided the proposed end-use does not trigger another license requirement under Part 744 of the EAR.

Note also that provisions of the EAR other than the Commerce Control List (Supplement No. 1 to Part 774 of the EAR) (CCL) and the Entity List impose license requirements on exports, reexports and transfers (in-country) of items subject to the EAR. See, for example, the end-use requirements in Part 744 or the embargo and special destination requirements in Part 746, and note that if any of these parts impose a license requirement, you would have to obtain a license prior to the export, reexport or transfer (in-country) of the item.

License Application Review Policy

BIS evaluates license applications to any listed entity according to the policy stated in the "License Review Policy" column of the Entity List. If there is more than one license requirement for a particular transaction (e.g., if the export transaction contains both persons included on the Entity List and an item that requires a license based on reason for control and destination, as determined by the classification of the item on the CCL and the Country Chart), you should submit only one license application, which BIS will evaluate according to all applicable licensing policies. For such license applications, the applicant should indicate the involvement of a person listed on the Entity List. If any applicable policy requires denial, BIS will deny the application, even if another policy provides for approval. For example, if your proposed transaction requires a license based on the item's reason for control and your proposed consignee is on the Entity List, BIS will evaluate your application on the basis of the CCL licensing policy in Part 742 of the EAR and the policy for the consignee stated on the Entity List. If either policy requires denial, BIS will deny your application.

License Exceptions and the Entity List

As stated in Section 744.11(a), license exceptions may not be used unless authorized in an entry on the Entity List.

Background and Purpose of the Entity List

BIS first published the Entity List in February 1997 as part of its efforts to inform the public of entities who have engaged in activities that could result in an increased risk of the diversion of exported, reexported and transferred (in-country) items to weapons of mass destruction (WMD) programs. Since its initial publication, grounds for inclusion on the Entity List have expanded to activities sanctioned by the State Department and activities contrary to U.S. national security and/or foreign policy interests.

Source:
<https://www.bis.doc.gov/index.php/policy-guidance/lists-of-parties-of-concern/entity-list>

2: Conceção da entrevista 1

Resumo das entrevistas sobre as questões relacionadas com a atividade da Huawei no domínio dos smartphones 1:

Entrevistados: Fabricantes da Huawei

tempo de entrevista: cerca de 1 hora

Perguntas da entrevista:

Estratégia empresarial:

1. Quais são os impactos dos cortes no fornecimento de chips para a Huawei?
2. A Huawei vai vender o seu negócio de telemóveis?
3. Que tipo de ajustes estratégicos espera o módulo de negócio de smartphones da Huawei efetuar?

Estratégia de marketing:

1. Por que variável é segmentado o negócio de smartphones da Huawei?
2. Qual é a proporção do mercado de gama alta e qual é o maior potencial do mercado do grupo feminino?
3. Como é que cada produto está posicionado?

Estratégia de marketing:

1. Produto: Qual é a frequência dos lançamentos de produtos da Huawei?
2. Preço: Como é determinado o preço dos telemóveis?
3. Canais: Quais são os canais de vendas da Huawei?
4. Promoção: Quais são os métodos de promoção?

A entrevista terminou, obrigado pelo vosso apoio e desejo-vos um bom trabalho e uma vida feliz!

3: Conceção da entrevista 2

Resumo das entrevistas sobre as questões relacionadas com a atividade da Huawei no domínio dos smartphones 2:

Entrevistados: Operadores, concessionários de canais, lojas franchisadas, gestores de produto de lojas de experiência

Método de entrevista: entrevista pessoal em profundidade

Duração da entrevista: cerca de 1 hora

Perguntas da entrevista:

Cooperação com os fabricantes da Huawei:

1. Como está a decorrer a cooperação com a Huawei?
2. Qual é o papel dos operadores/canais?
3. Qual é a diferença entre uma loja franchisada e uma loja de experiência?
4. O que acha da falta de chips da Huawei e quanto tempo é que isso vai durar?

Estratégia de marketing:

1. Em termos de produtos: Que séries de produtos a Huawei opera?
2. Preço: Qual é o sistema de preços do produto?
3. Canais: Lógica de distribuição dos smartphones, plano de lançamento, incentivos às vendas
4. Em termos de promoção: É um presente do fabricante ou é produzido por si?

Quais são os específicos?

Que marca de telemóvel utiliza, vai comprar um telemóvel Huawei?

A entrevista terminou, obrigado pelo vosso apoio e desejo-vos um bom trabalho e uma vida feliz!

4: Conceção do questionário

Obrigado por dedicar algum tempo a preencher o meu inquérito. Para desenvolver a tecnologia, melhorar a experiência do utilizador e otimizar as estratégias de marketing, convidamo-lo a responder às seguintes perguntas. As suas respostas serão de grande ajuda para nós. Manteremos a sua privacidade confidencial. Por favor, preencha de acordo com a sua situação atual. Esperamos contar com a sua colaboração, obrigado!

Por favor, mantenha-se em contacto comigo se tiver alguma dúvida, obrigado.

Wang Yubo

SCKL2100576@segi4u.my

1. O seu género é
   - A. Masculino
   - B. Feminino

2. Qual é a sua idade
   - A. Menos de 18 anos
   - B. 18-28 anos de idade
   - C. 29-39 anos
   - D. Mais de 40 anos

3. A sua profissão é
   - A. Estudante
   - B. Professor
   - C. Funcionário público
   - D. Freelance
   - E. Trabalhador do sector financeiro
   - F. Outros:

4. O seu rendimento mensal é de
   - A. Abaixo de $2000

B. $2000-$5000
C. $5001-$8000
D. Mais de $8000

5. A sua marca atual de telemóvel é (escolha múltipla)
   A. HUAWEI
   B. Samsung
   C. Apple
   D. VIVO
   E. OPPO
   F. Outros:

6. Qual é a sua impressão sobre os telemóveis Huawei?
   A. Telemóvel topo de gama
   B. Telemóvel de gama média
   C. Telefone de gama baixa

7. Onde aprendeu sobre os telemóveis Huawei?
   A. Anúncio televisivo
   B. Apresentação de amigos
   C. Impulso da Web
   D. Outros:
8. Com que aspectos dos telemóveis Huawei está satisfeito?
   A. Caraterísticas
   B. Exterior
   C. Configurar
   D. Preço
   E. Outros:

9. Está satisfeito com as funcionalidades do seu telemóvel atual?
   A. Muito satisfeito

B. Satisfazer
C. Em geral
D. Insatisfeito
E. Muito insatisfeito

10. Para além da comunicação básica do seu telemóvel, a função mais importante do seu telemóvel é (escolha múltipla)
   A. Jogar jogos
   B. Ver vídeo
   C. Navegar no sítio Web
   D. Outros:

11. Qual é o seu grau de satisfação com o preço dos telemóveis Huawei?
   A. Inferior a $1000
   B. $1000-$3000
   C. $3000-$5000
   D. Mais de $5000

12. Se precisar de um telemóvel, onde é que o compra normalmente?
   A. Loja oficial online
   B. Em linha
   C. Salão de negócios
   D. Hipermercado
   E. Outros:

13. Que tipo de métodos de promoção conhece dos telemóveis Huawei? (Escolha múltipla)
   A. Desconto
   B. Oferecer um brinde

C. Troca

D. Outros:

14. Quais são, na sua opinião, as desvantagens dos telemóveis Huawei (escolha múltipla)?

A. Preço

B. Desempenho

C. Exterior

D. Pós-venda

E. Outros:

15. Quais são, na sua opinião, as vantagens dos telemóveis Huawei? (escolha múltipla)

A. Alta configuração, sistema suave

B. Económica

C. Bateria durável

D. Altura do pixel

E. Bom serviço pós-venda

F. Outros:

16. Se acha que a estratégia de marketing dos telemóveis da Huawei pode ser melhorada, por favor dêem as vossas valiosas opiniões.

17. Os seus dados de contacto

5 : Relatório anual da Huawei 2021

Fonte:
<https://www.huawei.com/en/annual -report/2021>

MIX
Papier aus verantwortungsvollen Quellen
Paper from responsible sources
FSC® C105338

Printed by Books on Demand GmbH, Norderstedt / Germany